春藥

Isoldens Liebestrank

Aphrodisiaka in Geschichte und Gegenwart

從神話、宗教與社會，探討人類服用春藥的文化意涵

穆勒-艾貝林｜瑞奇——合著 汪洋——譯

Claudia Müller-Ebeling | Christian Rätsch

目錄

目錄

序文（一）

操控慾望的春藥

南方朔

有一個古老的故事：一個為情所困的男子，向魔法師求助，希望能對他癡戀已久的對象施加法咒。魔法師對他的勸告是：「你若想被愛，首先必須去愛。」

這是個好故事，不僅在於它的好建議，更重要的是它的問題：由於情慾世界裡有著太多的神祕、痛苦、憂鬱，或者無能為力，遂有了情慾的操控。愛情妙藥、催情藥、媚藥、春藥、助淫藥，無論它被如何稱呼，它都起源於情慾的操控。人們希望有一種藥能使自己被癡想的人所愛，希望有一種藥能使自己有無比的雄風，也希望能藉著藥物擴大性神經感覺的能力，至於最敗德的，則一直尋找藥物來使對方變成自己可以隨心所欲的對象。所有的這些都證實了這些藥物的操控本質。中古歐洲的祕術思想家加費希洛（continuator of Ficino）、布魯格（Giordano Bruno）等均視祕術為通達愛慾之路的鎖鑰。媚藥是祕術裡的主要成分，它意圖掌管靈魂和身體的感覺機制，難怪許多社會裡，無論愛情妙藥或媚藥，都是魔法師或祕術師的神祕權力之一。

愛情妙藥或媚藥起源於對情慾世界的困惑及掌控的願望，因而它由「譬喻」這個最原始的想像領域開始發展。許多早期的社會及部落，都曾一度相信某些形狀的植物具有愛情與性慾上的激發潛力，也相信「吃什麼就補什麼」的魔力。香蕉和茄子的男根形狀，無花果的女陰形象，都使得它們一度被視為有愛慾上魔力。儘管後來其中的某些已不再使人相信，但許多動植物與愛慾的相關性卻在實用或象徵的意義上被留存了下來。

例如，在中國社會裡，酷似人形的人參，在西方和許多其他部落，根部酷似人形的曼陀羅，以及形狀彷彿男根的某些蕈類，都在誤打誤撞中被發現的確具有興奮、持久，或迷幻等方面的作用。而食用大型動物的性器官不但在中國有虎鞭、狗鞭、鹿鞭的傳統，縱使西方亦然。例如維多利亞女王時代的英國，生食公牛的睪丸即是上流社會的一種時尚。

例如在古希臘時代，人們以星座隱喻世界，因而每年九月太陽移動到了代表愛神的天秤座，這種隱喻及投射，遂使得許多這個季節的草本植物被賦予情慾上的意義。九月的玫瑰是愛情之花，玫瑰花水則有催情寓意，桃金孃的花環花瓣是婚姻性愛圓滿的祝福等。這些植物的實用性並不有效，但卻被留存下來當作一種文化上的象徵符號。

正如同科學也是由最直接而簡單的譬喻開始，一步步打造它的證據和基礎。祕術之一的情慾藥物，也是從譬喻開始而逐漸尋找實用上有效的證據。到了今日，曼陀曼的根部在歐洲被稱

「巫師的根」，在中東被認為是「惡魔之燭」，它的迷幻壯陽能力早已被確定。以月亮作為隱喻而尋找到的槲寄生也被稱為「女巫的掃帚」。具有催情作用的動物、植物和礦物遍及每一個社會，許多社會甚至將它發展到高度工具化的程度，例如塗抹添加薑汁的檀香油和丁香油，塗抹某幾類甲蟲成分的油類等以助淫等。

具有助情助淫的動、植、礦物，曾是分散在各個社會裡的一種「想像式實用科學」產品，但在一九六〇年代的性解放及原始崇拜下，它們卻開始被高度開發並往歐美集中，終致造就出好幾個世代的「迷幻藥文化」，原來是西非洲狂歡祭典所使用的育亨賓（Yohimbe）開始被大量消費，助情助淫，以及擴大性活動歡愉能力的各種藥物開始氾濫。當愛慾走到這樣的程度，它其實已將一切愛慾問題簡化成化學問題，因而遂有了所謂的「色慾化學」的興起。

這時候，反而讓人想到經常被人提到的英國小說家威爾斯（H. G. Wells）的情慾生活史。他是身形矮胖，面貌平常的普通男子，但卻終生韻事不斷，有人問他的許多情人，大都講不出個道理來，其中之一所說的被認為可能最接近事實，她說：「他聞起來像蜂蜜！」蜂蜜在許多社會裡被視為催情食品之一，威爾斯的愛情生活之所以豐富，原來他自己就是一個大的催情食品，無需外在藥物來加工製造。當然也就不可能出現《金瓶梅》裡像西門慶過度仰仗藥物所造成的悲劇下場。

本書名為《春藥》，其實不只是在介紹藥物，而是從文化、民間信仰、天然物化學和文化醫學等的角度來探討「春藥現象」。當代對祕術的研究日多，各類祕術裡都躲藏著心理社會學的祕密願望，而春藥裡所躲藏的乃是那種終究無法圓滿的愛慾想像。人的身體本身就是可以接天下地的橋樑，當一切的愛慾都只能在藥物中始能完成，反而將使身體為之荒廢。當我們照本宣科想要按照書中所提示的那樣來調配春藥食品、飲料或藥物時，或許更應多一點回歸自身的愛情修行。

序文（二）

從書面研究到田野工作

僅看到湖，是無法體驗到水的感覺。

——達維斯．哥拉斯

從事民族學的田野工作，不論走到哪裡，都會碰到春藥及愛之魔術的話題。但是閱讀任何一本民族學者或人類學者寫的報告，卻不禁令人懷疑這個地球上居住的全都是清廉潔白之士。因此吾人不由起疑，果真如此，這世界怎麼會面臨人口爆炸的問題呢？

《先覺者》一書的作者極為絕妙地比喻：「美國的人類學作品，簡直就像叫處女描寫性行為一般無趣。」人類學原本是加深人類對自己認識的一種學問，但是人類學這門學問，就好像我們個人一般，完全沒有能力超越道德、倫理的偏見，更沒有與大的道德、倫理環境抗鬥的力量。

尤其在性行為及藥品的使用上，儘管每個文化都有自己的春藥，也應該是人類學上最鮮明活潑的主題才是。然而，幾乎所有出版的研究文獻中，都在傳統禁忌的束縛下，不討論這些議題。

有關春藥與愛之祕藥品相關的科學研究，開始於十七世紀的後半部。一六六一年約翰尼斯・克拉戴爾的《春藥》、一六八九年約翰尼斯・穆勒的《愛之熱》先後在來布希發表出版。一七二六年、J・F・沃爾夫的《春藥研究》、一七四七年G・修坦特爾的學位論文《康坦理斯與春藥》前後在維坦堡發表，而成為迫害女巫時代的重要資料。有關春藥的文化史研究，起始於一八六九年約翰・戴文波特（一七八九年生於倫敦）自費出版的《春藥與反春藥》。大約同時期，約翰・培恩・奈特的《普利阿波斯崇拜研究》（一八六五年）也出版了。

戴文波特將身邊各種的物品象徵（十字架、教誨的塔、洞穴、拱門等）如何在下意識中代表了性，在書中首度披露出來，比佛洛伊德還要早上五十年。十九世紀末年、外國製的精神劑（古柯、古柯果、卡巴卡巴、老頭掌）、異文化圈中的性行動等，開始被學者有系統地提出討論。許多研究植物性藥劑的研究者，甚至在專書中撥出好幾章來論述春藥的使用法。大約在這前後，佛烈德瑞・S・克勞斯出版的一系列著作，筆調就當時的社會而言，也變得非常大膽。一九〇一年，市面上出現有關古印度人春藥的專書，是理查・史密特的《印度之性》。史密特本人在序言中寫到：「我謹以純淨的心，探求真理，如果有人以不純潔的動機，閱讀我的研究作品，當感遺憾。對這些讀者，本人必須強調：這是一本認真嚴謹的科學研究。」

隨後，愛格納．希爾費特和理查林賽特的《春藥》、艾格蒙的《民族的性與植物的世界》等與春藥文化史有關的書籍，先後出版。希爾費特隨後還在柏林設立了性科學研究所，搜集為數龐大、全世界各地有關春藥的書籍與資料。可惜的是，他的研究所和全部圖書，後來都被納粹燒得一乾二淨。納粹甚至用紙紮了一個希爾費特的形體，並施以火刑。在納粹時代，不允許德國有這種「墮落的性行為」研究者存在。其實，在清教徒治國的美國，情況也好不到哪裡去。一直到六〇年代以後，美國才逐漸出現一些有關性及春藥的研究（吉福爾特、雷曼、波爾奈曼、維戴帽克、華頓）。

可是當時的學者在處理類似題目時必須低調，一直到七〇年代以後，社會上才開始出現對春藥研究的肯定態度。當時有一些作者，如哈理森、塞爾頓、哥特理普、修爾克，他們著述為文，主張有擴張意識的藥品，可用來當作春藥使用，而且普遍引起社會大眾的矚目。這些作者僅從本身的體驗告訴社會大眾，那種感覺奇妙美好，但卻沒有從事相關的民族學田野研究。大部分的春藥研究書籍，都從純粹的文獻研究開始，從文獻研究結束，與性衝動劃清楚河漢界，各不相干，因此作者也期待他們的書在書齋中寫成，讀者在書齋中悄默地閱讀。類似本書，從比較文化的角度來寫的論著，至今尚未曾見過。

我們已經逼近了文明的邊界線。從這裡開始延伸的是完全嶄新的價值觀，其邊界不知將設定於何方。

——皮爾・克拉斯多爾

前言

保護環境，還是保護內在

環境保護是一個矛盾的詞，從字面上，我們只看到對周圍世界的保護，完全沒有觸及對人類內在的保護，好像環境保護只是要維護人類周圍環境，與人類本身無關似的。

從太古以來，人們相信不論山、水、樹、木中，都居住著神靈，人不可隨意進入山水、植物的精靈的世界，人類在與大自然交往時，非常小心翼翼，因為他們知道仙靈的世界是神聖不可侵犯的。洪水氾濫、收成不佳、獵物不豐，都被人類解釋為與自然交往時侵犯了大自然而不自知，因而招致神明發怒的結果。他們相信，敬畏之念長存心頭，經營一份與大自然相互調和的生活，生命自然會賜予人類一片豐饒的大地。

然而，看看現在的世界：人類任意在河川中傾倒廢水，鋼鐵、塑膠，水泥等各種與環境不相容的物質充斥於環境之中。植物的精靈與山野的神明早已離人遠去。現在最接近自然的地方，成了被玻璃封死的溫室，正反映了什麼都想要自行支配的人類，如何一步一步自行結套，把自己套死的過程。不過，近來人類似乎表現出從死胡同退出來，走向另一條單行道的跡象。

為挽救過去大量破壞自然的行為，人類開始了許多新的產業，如製造淨化廢水、排氣的設備，以減少環境中有害物質的生成，製造阻擋核射線的設備，以保護人身的安全。另外，一面製造超高速的高性能汽車（誰都知道汽車不必往更高速方向發展），一面告訴社會大眾，這些車子使用的都是「保護環境的觸媒」，以提高銷售量。

這些都是針對環境的行動。然而，人類的內在世界近來的變化又如何呢？人類在各種廣告的催眠下，相信使用「對環境友善」的產品，大自然便能恢復原來的美麗，至於應該如何阻止人類集體對環境的破壞，現代人空虛的心靈是不願意去思考的，因為他們的內在本身早已瀕臨崩潰了。

讓我們轉移焦點，來看一看回歸植物的必要性吧。

現代人已知道如何從植物中萃取出對身體有益的部分，重新合成、取用。在這個過程中，如果從因果定律與機能主張的世界觀來看，現代人等於奪去了植物的靈魂。與大自然和平共存的原始民族，對植物的力量絕對尊敬，非常努力不去傷害植物。但是我們現代人，只知道奪取植物的有效成分，尊敬之心卻已蕩然無存。

這簡直是自己加諸於自己的暴力行為。人類必須更注意自己的行為，並乞求植物給予我們更多的教誨。當我們人類要對人表示敬意時，多半會以親善的態度接近他，而對方也因此會以友愛的態度回應，在往來之中，我們必定會學到更多待人接物、知識與智慧。同樣的，我們也需要心存敬意地接近植物，因為植物能夠賦予人類健康與生命力。有一些植物特別值得人類乞求教誨，例如顛茄、天仙子等有刺激精神作用，能直接進入我們內在世界的植物。這種植物的作用穩定，但對使用者有益還是有害，端視使用者對那植物的態度，以及想從植物身上取得什麼來定（例如，他是否想從植物中取得智慧）。如果人與植物的交往層面淺薄，對植物的機能本意並不了解，那麼能夠獲得的益處自然也就不多，而植物能夠因此賜予人類的智慧也就不多了。在這種情況下，人類如果有意使用刺激精神類的植物，首先必須打開心胸，對植物從心底湧出最大的敬意與愛意，用尊敬的態度接近它，那麼人類必定能夠看到一個過去從來沒有見過的世界，在眼前展開。

舉例來說，服食曼陀羅的種子（至多十個）後，視覺開始變得敏銳，周圍鮮麗的色彩在柔和的光線中舞動，身體內不禁浮出一股幸福感。這時候，皮膚的觸感也變得非常舒適。在這舒坦的感覺之上，情色的、刺激的形象也油然而生。

但是如果不追求這種微妙的意識變化，而只要求有短暫的性刺激的人，會一次服下三十顆種子。原來那種舒坦的幻覺便會被不安與恐懼的景象所取代。周圍的事物都成為姿態怪異的東西，感覺不但到處都是蜘蛛、蝙蝠、蟾蜍、蟑螂、蛇，這些東西還一直逼近而來，原來應該可以享受的快感成了痙攣，有的甚至會引發中樞呼吸神經的麻痺。

凡是學習到植物正確用法的人，都知道要接近植物時，心頭必須常存敬畏與節制之念，只有在這種前提下，人才能夠獲得良好舒適的意識狀態，並體會到滿足的性經驗。在這時候，人類將理解：以人類的力量，絕不可能以一己的意識與力量推動大自然。人根本不該有這種想法。

我們必須向大自然學習。破壞大自然，必然會遭到報應。大自然不是不報復，當它反撲時，人類將無以消受。

緒・論

文化與情愛

民間常識與現代醫學

自古以來，人類渴求在兩個問題上獲得答案：其一為「人生的意義與目的為何」，其二便是「終極春藥如何取得」。

——《植物庭園》

中世紀的人將春藥視為聖安東尼斯（Antoniue de Padua）傳播的許多誘惑之一。華格納（Richard Wagner）則將春藥描寫為通往理想國的橋樑。相對而言，現代醫學對春藥採取的則是全盤否定的態度，認為所謂春藥，就是滿足，甚至增進性能力的藥品。從過去到現在，從中世紀到現代，在任何一個文化中，性生活本身都受到同樣嚴格的道德戒律監視。

歐洲歷史上最有名的春藥，便是被包藏於層層神祕面紗之中的伊索爾德（Isorde）愛之祕藥。藥品的製法早已失傳，不過從各項傳說中推測，愛之祕藥應該是純植物提煉的製劑。

華格納在他的歌劇作品中，形容了伊索爾德愛之祕藥如何讓人從各種束縛中解放，進而進入理想國度的境界。他心目中的春藥，並非那種服用後便能生出戀情、激起性慾的東西，而只單純地指一種觸媒、一種促進劑，人服用以後，原來埋藏在內心深處的戀情便展翼而出，將原來阻隔於情戀之間的社會、文化障礙一舉消除。華格納筆下的戀人，雖然錯將愛之祕藥當毒藥，將飲未飲之間，便已從過去的壓抑世界中解放出來，進入理想天堂。兩人之間雖然早已因為愛而結合，但是因為愛之祕藥，這份結合從而落實於現實。類似華格納形容的春藥的觸媒效果，是許多春藥、愛之祕藥的特徵。也就是說，春藥的效果，便在於實現人類原始便具備的享受性的快感與愛的能力。

然而，在現代醫學的範疇中，完全沒有春藥之類物質存在的餘地。其中唯一的例外，可能就是育亨賓（Yohimbine，一種催慾藥）。有些醫生也公然表示，育亨賓可說是真正、唯一的現世認可的春藥，也因為如此，育亨賓時常與其他藥劑混合，充當性機能障礙治療的藥物。在現代醫學界中，已相當普遍用育亨賓治療因性器官機能障礙而產生的性無能。相對而言，多巴氨（Dopamine）則在治療因神經傳達系統障礙而產生的性無能，應用於健康男性身上，不會有任何催情作用，因此稱不上春藥。

育亨賓是非洲育希比（Corynanthe yohimbe，也就是當地人所稱的精力樹）樹皮中提煉出來的一種生物鹼。現代醫學在研究性行為時，一味地只注意性交頻率、血壓變化、脈搏增加、勃起速度、精液數量，不但不思考主觀快感與恍惚感覺，並將性行為對情緒上的影響排除於研究範疇之外。也因為如此，凡是只能提升主觀情緒效果的藥物，都被排除於「經醫學實證」的春藥名單之外。本書目的並非從現代醫學的角度，調查各個文化圈內使用的植物、動物、礦物等春藥製劑，而在於嘗試擺脫過去「民智未開者的迷信」的定型概念，進一步詳細記述春藥在各個文化圈中使用的情形。

本書同時視春藥為愛之祕藥或愛之魔術。在古代，春藥與愛之祕藥品經常被視為同一樣東西。事實上，兩者之間的差異應該在於「春藥喚起的是純粹肉體的情慾，但愛之祕藥卻能夠帶來身靈合一的效果。」（吉佛路特，一九六四）

在尋找、整理資料的過程中，發現了各文化圈雖然都有春藥，但定義卻不盡相同，另外因目的不同，使用的春藥種類也有非常嚴格的規定。使用春藥不僅為促進性慾，更為品嚐性的快感。就好像精細的菜餚不但會造成良好的味覺感受，而且隨著精細的味覺感受，可以在意識上、心裡層面上造成一定的提升效果。一個人的意識可以因為使用不同性質藥物，而變換（如刺激精神藥）、擴張（如心理治療藥物），甚至消滅（如麻醉劑）意識。性慾和性感也一樣，因不同的藥劑可對人產生變換（興奮劑）、促進（春藥）、抑制（制淫劑）的效果。不過因為個人對藥劑的感應並不完全相同，而有個人性的差異，因此不同的春藥，或被稱為春藥的物質，對個人的效果也不盡然相同。有的春藥會刺激身體的特定部位，使其興奮，促進性交時的快感，另外還有一些春藥，則會使平常並不敏感的地帶變得敏感，開發出身體新的性感帶，並促進快感。

從春藥使用上，我們至少可以看到下列的功能：

- 增進一般性慾
- 增進勃起能力
- 增加陰道分泌液
- 擴張陰莖
- 促進陰道收縮
- 增進精子生成
- 防止早洩
- 延長高潮
- 抑制高潮時的射精
- 消除下半身的緊張
- 放鬆肛門肌肉

・增進皮膚的敏感度
・增進觸覺敏銳度
・持續高潮
・造成精神興奮
・促進情愛
・營造主觀的性愛感覺
・製造性幻覺
・解除精神壓抑
・增進受孕能力，決定胎兒性別

本世紀初以來的性學界，則大致將春藥分成四大類：

（一）食品（牡蠣、肉類）
（二）嗜好品（香味料、可可）
（三）毒品

（四）含混著巫術氣息的物品（月經血、陰毛）

不過，哪種東西應該被分至哪一類，各個文化的主觀認定天差地別。不過從各個文化的比較中，我們不難發現，不論何種文化，某些東西很自然地都被視為有春藥功能，例如大麻、茄科有毒植物、酒精、含有育亨賓的植物、香辛料（香草、巧克力、豆蔻）、月經血。在歐洲，外國傳入的香辛料、加味品等當中，有很大一部分被視為春藥。據說肉桂、胡椒、豆科就是因為有隱藏性的激春功能，才得以從東方出口到歐洲。當時民間傳說，東印度公司專門從東方進口「歡愉食品」，這歡愉食品除了香料以外，當然還包括茶、咖啡、可可和菸草等物。而在進口的初期，顯然這些舶來品都被視為春藥的一種，與賣春行業建立起很深的關係。那時候，咖啡店、菸草行都兼營賣春和賣春藥。如今，歐洲人大概不會承認咖啡、菸草之類的東西有春藥成分，不過在印度，阿育吠陀醫學至今仍主張用這類東西治療性無能與冷感。非洲人則將咖啡豆以一種不是烘醅的特殊方式，製成春藥，中國人將特製的茶漿當作增加性交感性的祕方，阿茲特克（Aztecas）的皇帝蒙提祖馬，據說曾以可可作為房事的興奮劑。猶加敦半島的馬雅族到現在仍然以吹進菸草燃燒出煙的方式，提升性器官的感性。令人感到意外的，各個文化對春藥的認定，有非常大的一致性。

第一章

從印度瑜伽說起

萬世之初，智慧之樹為菇菌
生殖女神為蛇
蛇圍繞著菇菌
於是菇菌成了陰莖
蛇讓陰莖動了情
一時陰莖成了神
瑜伽的力量在女神的榮光中開花
於是銀河
就像接受朝日洗禮、花瓣繁盛的蓮花一般，發散出閃爍的光芒

「本・賞卡爾！」怛特羅（Tantra）瑜伽（祕儀瑜伽）修行者消瘦的身體上滿塗黑灰，頭頸上掛著一圈又一圈的魯德拉許卡鎖鏈，雙手捧著三神一體（婆羅門神、毘濕奴神、濕婆神）像的符咒，高高舉至額緣，口中喃喃地吟唱著。賞卡爾為祈禱用的語言，賞卡拉是神明的名字，為印度教的濕婆神，也就是印度教前身、土著之間膜拜的魯杜拉神。修行者手上拿的上端稍大、呈圓錐體符咒，也是一隻菸管，象徵著濕婆神的男性器官。符咒內塞滿大麻（Cannabis indica）的雌花，有時候也可以用洋金花（Datura metel）葉代替，兩者皆是生長於濕婆神周圍的神聖植物。許多印度、尼泊爾的印度教寺廟，都將洋金花置放於林加（象徵濕婆神男根的巨石）上，以為奉養。用大麻和洋金花混合製成的菸草，則象徵著濕婆神的宇宙根本，也就是對兩性都具有性的主張。大麻代表宇宙中女性的根本，洋金花代表著男性的根本。從太古以來，象徵著兩性一體及宇宙創造力的濕婆神體內，兩性的生殖力是融合為一的。

同時具備兩性特徵的宇宙支配者，最初從豐饒的大洋中躍然而出，經過如單細胞動物一般的分裂，變成了男神濕婆和女神夏克提（另名為帕法提）。夏克提起先是以男器中的悠尼（女陰）形式而存在，由濕婆神（夏克提女神是由濕婆神生下的）生下她。林加和悠尼的合體像，便象徵著夏克提的出生。男器（林加）如果沒有女陰（悠尼），便不存在。兩者其實是一體的。

尼泊爾的怛特羅瑜伽修行者認為：「濕婆神以自己的身體創造了宇宙，生下山脈、動植物，因此在萬物中都可以看到濕婆神。」濕婆神當然也負責創造出大麻、洋金花等所有能改變意識的植物與菇菌類。這些植物與菇菌，也代表了濕婆神本身。植物與菇菌在人類的意識上發生作用之時，便代表了人類身體內的濕婆，因此這類植物被視為聖品，是神性隱身之處。神明與人類都同時借助這類植物來改變意識。

關於發現大麻驚人力量的經過，有下面這麼一個神話。濕婆與帕法提結婚後，定居在喜瑪拉亞山麓下美麗的家園。但是濕婆經常長途跋涉至鄰近地區，與妻子以外的女神交歡，而極少走近家園。帕法提為此極為憤怒，不禁自言自語道：「要怎麼辦才好呢？丈夫在外遊盪，讓我一個人在家寂寞。」不久，帕法提發現了大麻的花，被那獨特的香味和纖細的花朵所吸引，摘了一些帶回家。當濕婆回家時，帕法提女神便焚燒大麻花，讓香味溢出。這便是「甘爪」（Gandza）的開始。香味使濕婆興奮，讓他覺得妻子是宇宙中最美麗的存在。在恍惚中，濕婆說道：「這香味真是無上極品。從今開始我將圍繞在你周圍。」濕婆與帕法提一面吸入甘爪的香氣，一面品茗「伴格」，一個風俗便從此開始。這就是人類最早有關春藥的故事。

濕婆打開第三隻眼睛，傳說也是從吸入「其拉姆」（瑜伽）開始的。他從其拉姆得到的能源就是男器的生殖能力。吸入其拉姆後，瑜伽便經體內吸收。濕婆頭腦內吸入瑜伽後，便可將原來隱藏於其中的宇宙釋放出來。就如同男器像女陰一般打開，生出萬物，這次悠尼在濕婆的額頭上大開，發出閃電，熠熠生光。而這一條閃光便是濕婆神的意念，變成了一條神聖的眼鏡蛇。眼鏡蛇是濕婆的侍者（昆達利尼），也是他的伴侶卡利。卡利是被其拉姆吸引而再生的帕法提的另外一個名字。昆達利尼也就是被動的將生命力注入林加的女性性能源。讚美濕婆神，吸入其拉姆，同時高唱「本．賞卡爾！」或「唵姆．濕婆！」的話，便可從濕婆神處得到瑜伽，也就是男器的創造力，從夏克提女神處得到昆達利尼，也就是活動性的性能源。用象徵著男性的兩片木片點火（濕婆亦為火神）而燃起的其拉姆，人吸入它的煙，便能喚起性創造力，使得原來靜息的昆達利尼蛇在骨盤中蠕動，活躍起來。釋放出來的昆達利尼通過七個中心論（身心的七個能源存在的點，也就是穴道），從脊椎柱向上升起，使中心論如蓮花一般的打開。這時候男性原理與女性原理合而為一的宇宙意識，溢滿全身。就像這樣，神明的植物便成為人類的神聖春藥了。

根據最近的研究，濕婆神出生地的喜瑪拉亞地方，從五千年前便開始種植大麻，並作為麻藥或春藥使用。即使在今日，喀拉拉邦（Kerala）的甘爪及伴格等品種的大麻種子，仍被認為是效果極高的春藥。大麻被視為能喚起創造力的性能源，通過差克拉的開花，能夠幫助人打通領悟宇宙極樂之路。正如裝飾著洋金花的濕婆神長髮變成恆河的水流一樣，濕婆神的神聖植物和菇菌，搖身一變成為性愛的女神，刺激感官的春藥。

天賜悅樂之飲

那神明，非有非無、非地非空、非死非生。

——《梨俱吠陀》（*Re-veda*）卷一〇・一二九贊歌・一—二節

真理之語言、伐樓拿（Varuna，水天）賜給樹木高度、馬匹速度、牛隻乳水，內心力量。伐樓拿在水中置放火種，在天上置放太陽，在山裡置放了蘇摩。

——《梨俱吠陀》卷五・八五贊歌・五〇節

大約四千年前，亞利安人從西北亞南下，來到了印度庫西山脈（巴基斯坦北部、阿富汗東北部的山脈）和印達斯河流域，並將他們的文化、生活模式，以及他們視為神聖的植物蘇摩一併帶到這些地方。亞利安人經營畜牧，信仰一種沒有神像，也沒有神殿的獨特宗教，並擁有一套以韻文寫成的聖典《吠陀》。而《梨俱吠陀》（「存在於詩中的智慧」之意）則是所有吠陀中最古老的一部。

從吠陀中，我們可以一窺亞利安人的宗教及儀式。吠陀的詩人們從來不說「看見」神明的姿態，他們透過飲入蘇摩飲料而覺醒的思考力，將神明「做出來」。也就是說，詩人讓自身成為蘇摩、成為神明。

由此可見，在太古的宗教中，神殿即為人類本身。

蘇摩是一種長在深山、高達天際的神聖植物，也是擁有金色男器的閃耀神明的名字。關於蘇摩如何傳到人類手上，《吠陀》中有這麼一段詩歌記載：老鷹將蘇摩這一株不知名的植物運至摩奴（Manu）（印度神話所傳現在人類始祖）處。摩奴以此供奉創世祖因陀羅（Indra），並自己喝下，從此因陀羅神便得到了幫助他完成世界的力量，水傾瀉而出，太陽破曉，天露曙光。換句話說，因為蘇摩，這個世界有了光亮，蘇摩的儀式正是文明的開始，人類的開端。

蘇摩除了是一種植物，同時也是一位神明，祂代表了天地的創造，因此亞利安人舉行蘇摩儀式，以紀念祂以自己的身體創造天地。蘇摩的儀式需要一整天的時間，儀式開始前，會場必須以「聖明的樹葉」裝飾起來，並生起一把「阿耆尼」（Agni，火天）的聖火（火本身也是神）。儀式中，祭司以蘇摩榨汁，用羊毛過濾，再混合以象徵生命的蜂蜜與牛乳後，在冗長的祈禱詩歌吟唱聲中，他將蘇摩的飲料獻給了因陀羅神：

汝思念之雲端精靈、帶來豐饒之雲端精靈，與汝共飲，僅此獻上。（《梨俱．吠陀》卷四．三五贊歌．七節）

關於蘇摩的效用，《梨俱吠陀》中有詩歌描述：

如同子牛之孺慕母牛
法悦接近吾等
吾人誠心飲下蘇摩
如車匠之精心製成壯麗的車體
吾人壯麗地歌詠法悦
吾人誠心飲下蘇摩
……
天地兩界中之無上珍品
吾人誠心飲下蘇摩
吾人頓時超越天地，榮耀光輝

吾人誠心飲下蘇摩。

（《梨俱吠陀》）卷一〇・一一九贊歌・三—四節、六—七節）

飲下蘇摩者頓時成了神明，是擁有黃金男器的蘇摩神，達到至福的境界，進入不死的永生。

請賜予吾人燦爛的光明世界、太陽的世界。汝，清白潔淨之汝！領吾進入無法進入的生之世界。讓吾等進入隨心所欲、逍遙自在的世界，天內之天，光明漫溢的世界……讓吾等進入歡喜與法悅的世界，所有的夢想均能成真的世界！

（《梨俱吠陀》）卷九・一一三贊歌・七、九、十一節）

飲下蘇摩後，人不僅進入恍惚的狀態，成為神明，而且能感受詩歌中的靈性狀態。在此同時，蘇摩不但是祭神的飲料，同時也是一種春藥。蘇摩之名，也在愛之魔術的咒文中出現。在《吠陀》的時代，神明與植物、春藥、愛的魔術混合為一，無法清楚分辨。

在《吠陀》以後的時代（甚至到二十年前）世人仍可看到《梨俱吠陀》中所描寫的《吠陀》儀式。不過在後來的時代中，《吠陀》儀式中所使用的蘇摩，不再是《梨俱吠陀》中所謳歌的蘇摩。有關神祕的蘇摩（《吠陀》中將它描寫為一種類似菇類的植物），今人已無所悉，成為歷史的謎。後世的人僅以其他的植物（Periplocaaplylla，杠柳屬；Sarcostemma brevistigma、Ephedra vulgaris，內珊瑚屬；Setaria glauca，金色狗尾草）取代蘇摩。

除了大麻以外，這些植物都不對人體造成《吠陀》中所描述的迷醉效果。印度教神話中提到，濕婆神從喜瑪拉亞將蘇摩帶給人類。詠唱《吠陀》的歌手及詩人，在吟唱前會先飲伴格。菌類專家高登·華生一九二七年發表論文，舉證主張蘇摩和捕蠅蕈屬（Amanita Muscaria）是同樣的東西。而最近更有人主張蘇摩是佩加南哈瑪拉，也就是一種可以引起幻覺的駱駝篷（Peganum harmala），或是茄參屬的一種（Mandragara turcomanica）。上述植物是有刺激精神的作用，而且許多民族的春藥中都有這些成分。但是，這些植物要引發如蘇摩的效果，似乎尚嫌不足。特蘭斯瑪·可納主張，蘇摩是球蓋菇屬（Stropharia cubensis）的一種菇類，天然的生長地即為喜瑪拉亞地方，效果高而毒性低，今日依然存在的婆羅門教一支，至今仍將蘇摩以發利亞·庫本希斯稱之。不論《吠陀》中所歌頌的蘇摩是否即為上述的這種菇類，他們在蘇摩的儀式中的確飲用這種菇類所榨的汁。飲下後，重複吟唱《吠陀》，詩歌中所歌頌的法悅狀態據說即會出現。

過去，菇類充滿了性的隱喻。菇類的形狀酷似男器，古代人將之視為豐饒之神的顯象。菇類為「神之子」，其毒便為神的精液，菇即為神在這個世界上的實相。菇類是神的禮物，為我們打開通往天國的道路。神為了要親自指點通往祂的道路，現身成為肉塊，而那便是菇類。

〔約翰．M．阿列格羅（John M. Allegro）《聖菇之神祕儀式》〕

怛特羅

肉體化為虛無後，還能得到法悅嗎？不，沒有肉體，便沒有法悅了。

——赫維吉拉怛特羅

宇宙從歡喜中出，因歡喜而存續，再度歸還於歡喜。

——阿吉特・慕克爾吉《怛特羅・阿薩納》

怛特羅之實踐，亦即生活於社會之外。

——菲力浦・羅森《怛特羅》

「吾為力大無窮之阿耆尼。吾妻阿姆希卡為蘇摩。吾既為阿耆尼，亦為蘇摩。吾為男神之同時，亦為自然。」這是濕婆神在《梵天古紀事》中所言。婆羅門教的儀式中出現的火神阿耆尼和蘇摩神，也存在於印度教的神明、濕婆神的身體內，形成濕婆的兩性共有性。《吠陀》以後的時代中，怛特羅（法悅的性歡崇拜）的教義逐漸形成，最後以濕婆神和妃子之間的對話體呈現，是與《吠陀》非常類似的印度教典。怛特羅本身也有「互相糾結、合為一體」的意思，結合，也就是合而為一，就是怛特羅教義的目標。怛特羅詳細記述冥想、曼特拉（真言）、各種性的修行做法，以及種種使用春藥後舉行的儀式，主張肉體與精神、人類與神明、創造與毀滅、誕生與死亡、意識與宇宙的合一。怛特羅的修行做法是怛特羅瑜伽，其目標便是使構成宇宙的兩個宇宙性原理互相結合（麥托納），進而達到頓悟（撒瑪堤）的境界。男女的交合，就是要重現原初的合一，也就是最早造成男性相（夏克塔或亞布）與女性相（夏克提或悠姆）分裂的現象。

夏克提的悠尼抓住了濕婆的林加，宇宙性的性高潮由此而生，創造由此射出。宇宙因此震撼、初動。（巴巴，一九七三年）

怛特羅的儀式中，人成為神，男性為濕婆神，女性則為夏克提女神。兩者成為一體之時，也就是主動的悠尼包住了被動的林加、昆達利尼的能源，當差克拉開花之際，便重現了原初的合一。

到達結合的極至，兩人之意識與宇宙之意識融合為一體。昆達利尼上昇，肉體停止發生機能，精神與參與禮拜者成為一體，相互融合。交合之兩人進入絕對者的內部，將本身的存在融入他體，在我他的一體感中，感受最高的歡喜。（慕克爾吉，一九七一年）

夏克提以悠尼包圍住勃起的林加，以自身的昆達利尼能源，喚起男性骨盤中休眠的昆達利尼蛇。被喚醒的昆達利尼蛇通過差克拉而抬起頭來。昆達利尼蛇進入有上千花瓣的蓮花（濕婆）內，濕婆甦醒，蓮花發出耀人的光輝，兩者之能源合而為一。要喚醒昆達利尼蛇，必須要詠唱曼特拉（真言）、修練呼吸法、服用有幻覺作用的植物，並經過複雜的行法與常年的修行，才能夠賦予骨盤內休眠多時的昆達利尼蛇必要的滋養。昆達利尼蛇是性能源，同時也代表生殖力。如果力量薄弱，林加便無法勃起，悠尼也無法打開。

昆達利尼蛇必須從精液中得到滋養。怛特羅視精液為神聖的春藥，是培育昆達利尼蛇所需營養的春藥。佛教怛特羅中，記述有將精液與各種魔力藥草放在骷髏中混合，進而製成春藥的技術。男性達到性高潮、射精後，昆達利尼蛇便失去了力量。根據怛特羅說法，抑制射精不但能夠保存性能源，而且沒有射精的性高潮會越來越高。女性的性感在月經時候特別升高，昆達利尼能源在這時刻也最強。月經的血被視為阿耆尼，也就是火神的化身，在月經期間性交，男子射精卻被視為好事，因為紅白混合，可以增加能源水平。而且月經時期女性不會懷孕，這時間的性交活動純粹是為了快樂。在平常，精液與血液中蘊涵的生命力，通常是往胎兒的方向移動，但是在月經時期發生性交，在肉體這煉金術的試管內，液體轉化為阿姆利達，是長生的飲料。

據說精液透過兩種方法，可以強化女性的昆達利尼能源。也就是說，精液從膣腔中釋放出來，通過膣腔粘膜，立刻轉化為昆達利尼能源，或者通過直腸，從所謂的「昆達利尼分泌腺」進入身體。滋養昆達利尼蛇的養分除了結合人類與宇宙的深呼吸、精液、月經血以外，還有大麻以及其他濕婆的神聖植物。將眼鏡蛇殺死、掩埋後，在同一地點種植的大麻，最適合怛特羅的目的使用。大麻的雌花從根部開始便可吸收眼鏡蛇的能源，吸食或服用這種花朵製成的物品，便可將隱藏於花朵裡面的眼鏡蛇力量釋放出來，而達到昆達利尼。修行者首先要高唱「本・賞卡爾！」將大麻的煙獻給濕婆神，然後自己再吸入，或在儀式中直接吹入女性的直腸或膣腔。蘊涵了大麻的性能源進入後，在身體內擴散，就喚醒了昆達利尼。

吟唱曼特拉、施行呼吸法後，原來在下半身呈休眠狀態的昆達利尼蛇便會逐漸覺醒，通過中心論往脊椎上昇，達到怛特羅修行者的舌頭。怛特羅修行者的舌頭即為蛇的頭，而他的舌尖則為蛇的舌頭。怛特羅修行者飲下大麻製成的維加亞飲料，其內涵的性能源便能獻給以昆達利尼蛇的形象顯現的女神。怛特羅修行者本身並不因維加亞而醉，他身體內的昆達利尼蛇因維加亞而得到滋養，發動了性能源。怛特羅修行者使用春藥，不僅在刺激肉體對快樂的需求，更重要的是要獻給以昆達利尼蛇的姿態顯現形體的女神。

在有名的怛特羅儀式五摩事中，蘇摩和其他的春藥也擔任了重要的角色。男性成為濕婆神、女性成為夏克提女神的交合儀式中，打破了印度教中所有的禁忌。印度教通常禁止教徒食肉、飲酒、與配偶以外者有性行為。但是怛特羅修行者卻可為行使義務，而打破所有禁忌。

> 男女交合即為神在世界之初所行之模仿。完整重現那行為，將無限趨近神之原始行為。（戴維，一九七八年）

在夜幕低垂時，怛特羅的交合儀式從與伴侶共同沐浴的一刻開始。燃燭焚香、散灑麝香。以香味有催情效果的麝香、龍涎香、白檀、肉桂、樟腦油等互相摩擦身體，進入五摩事的儀式。首先進食摩奇亞（魚）與摩恩撒（肉），以強壯肉體。飲酒，象徵點燃快樂之火種。就著酒肉，攝取慕得拉。慕得拉原本為宗教之「印」的意思，在怛特羅中則指有春藥及強勁效果的草木果實，如芝麻、松子、大麻、洋子花、罌粟的種子、茄參屬的果實等（魚、肉、酒、果實、交合等五樣東西，在梵語中均以「摩」音開始，因此這種儀式被稱為五摩事）。

肉體準備妥當後，便開始摩伊托納（交合）。男性在地面上繪一個三角形（楊特拉），以蓮花座之姿態正坐於其中。女性刺激男性的陰莖，待它勃起後，女性取乘騎之姿。女性一面唱曼特拉，一面將林加滑入悠尼中。男性保持不動的姿態，女性身體上下搖動，活化昆達利尼能源。在進行交合之中，兩人吸入其拉姆或由兩根水管導引之甘加。大麻的效果顯現後，在濕婆神與夏克提女神化身的男女身體內，恍惚感擴散開來。兩人同時達到性高潮、法悅的極至震撼宇宙的一刻，最高境界的恍惚感也同時到來。這種交合的儀式，在情色祕教（烏巴尼夏得）的種種祕藥激化下，可達到最極至的境界。祕藥可分為外用（普拉瑜伽）及內服（vagikarana，維吉卡拉納）兩種，有的可讓陰莖變大、強健，有的美化陰道、縮緊膣腔、促進分泌，有些還能抑制射精或使女性反覆達到性高潮。

阿輸輪與西藏醫學

對愚者而言，這世界充滿敵人。但對賢者而言，這世界到處是我師與賢達。

——卡拉卡

阿輸輪（原義為「生命的智慧或科學」）成立於婆羅門教時代的印度，經過數千年的發展，成為非常複雜的醫學體系。阿輸輪不僅處理肉體的痛苦，也就是疾病，同時也正視肉體交歡之樂。除了為人治病以外，阿輸輪也是一種保健醫學，一種為健康、交歡與長壽而存在的印度醫學。阿輸輪不應被視為一種民間療法，而應解釋為經學者、專門醫師主持下進行的傳統醫學。有關阿輸輪的古代醫書，有許多流傳至今〔如阿闥婆吠陀（Atharva veda）〕，除對治療方法有詳細記述以外，更講述維持健康之道。根據阿輸輪的道理，只有過著開朗、幸福生活的人，才能夠維持真正的健康。因此，肉體與心靈的保健同樣重要。根據這個原理，性生活上的障礙會導致身體的病痛，因此阿輸輪的醫生問診時，必定會詢問患者的性生活詳細情形。根據阿輸輪理論，人類是地、水、火、風、空等五個元素組合而成的。人體中的三種液體（瓦特、批方、卡帕）也是由這五個元素組合而成的。身體處於健康狀態時，所有的元素都能維持均衡。一旦這均衡被某些事物影響而遭破壞時，便會引起肉體、精神的障礙。阿輸輪醫療法的基本思想，便是要讓身體恢復到原來健康的均衡狀態中。

健康的基礎則是精液。在肚臍下形成的精液，可使男女兩性身體充滿活力、延年益壽。阿輸輪理論認為精液存在於身體的所有部分，是人類活力的泉源。有關精液形成的過程，阿育吠陀醫學有這樣的敘述：

> 食物與水作成了血液，因血液，人類有了肉體，肉體又變成骨頭，骨頭變成瑪加（Masher），從瑪加流出來的，便是精液了。經過這樣一個過程而形成的精液，在數量上，要好幾公斤營養價值高的食品，才能生成幾滴。

因此，阿輸輪主張要多攝取營養成分高的食物，而且不可浪費精液。男性每次射精後便會失去活力，需要以新的營養滋補。女性在月經來潮時，便會失去精液（月經血被認為是精液轉變之物）。精液為肉體的活力，如果能充溢肉體，則免疫力高漲，百病全無。阿輸輪中所說的精液，其實和怛特羅的昆達利尼蛇是相同的東西。阿育吠陀醫學主張，為了讓身體生成大量的精液，應該經常攝取精製牛油、牛奶、蛋、乾果、新鮮水果、乳酪、醣類或糖果。與西洋醫學不同的是，阿輸輪認為砂糖不是危險物品。大部分的香料（尤其咖哩）被認為對生成精液有幫助，因此也在鼓勵攝取範圍之內。

阿育吠陀醫學中有一派主張，為維持健康、快樂的性生活，應調和使用維吉卡拉納內服春藥。維吉卡拉納本身有「變身為種馬」的意思，在卡拉卡的古典說法中定義如下：

立刻令人產生興奮快感之物體。刺激性慾，同時轉化為讓異性所需求的肉身。即使老人也可因此射精。精液濃度高，因此提高生殖能力。男性服用，可得有子福之名聲，可使男性萬世不朽（有子福之人，生命在眾子孫中延續下去之意）。（塔庫魯，一九七七年）

維吉卡拉納主要功能在於維持、刺激性機能，提高快感，增加精液的數量以確保有子福，防止早洩、抑制射精等作用，幾乎是男性專用的春藥。根據阿輸輪的理論，男性比女性需要春藥。對男性而言，女性的存在本身，即為春藥：

最佳的刺激劑，莫過於有開朗、奔放的女子為妻……年輕、美麗、福像的女性；可愛、巧於性戲的女性，正是最佳的春藥（卡拉卡）。（塔庫魯，一九七七年）

為繁衍子孫、與妻子分享性愛歡愉，男性必須維持其生殖力。根據阿育吠陀醫學書的作者之一、蘇蘇路達的說法，性無能有六種：

（一）性慾減退（精神方面的理由）；（二）攝取大量刺激、過酸、過鹹、過「熱」的食品（蒜、蔥、酒精、茶、咖啡），使精液製造能力減退；（三）不服用強精劑的情形下，性交過度，造成精液損失，暫時性陷入性無能狀況；（四）陰莖外傷或有慢性性病（梅毒等）；（五）與生俱來的無能（發育不全）；（六）禁慾等行為下，長期性故意壓抑性慾，使精液凝固而招致無能。

與生俱來的無能與外傷、性病引起的性無能，是無法治療的。至於其他性無能，阿育吠陀醫學認為都可以用維吉卡拉納來治療。流傳至今的性無能處方甚多，其中不乏使用珍奇、高價藥材者，如鱷魚卵、象糞便、麝香、龍涎香、蜥蜴眼、鯉魚膽汁、麻雀肉、烤過的珍珠、翡翠、紅寶石、金粉、水銀。而春藥中經常使用到的植物則有蓽茇（Piper longum）、甘藷屬（Ipomoea digitata）、油麻藤屬（Mucuna pruriens）、豆蔻、肉桂。大部分的維吉卡拉納內服藥都以上述的植物與精製牛油、豆類混合製成。有名的烏托卡利卡混合了芝麻、米、鹽、蔗糖、豬油，男性服用後，據說可以滿足一百個女人。至於其他的維吉卡拉納，成分與烏托卡利卡大同小異，效果也都是「品嚐到如雲雀一般愉悅的歡愛」，「可以一個接一個、與十名女子同寢」、「八十歲的老人恢復如年輕人一般的生殖力」。

最受人歡迎，而且效果也最確實的維吉卡拉納，還是用濕婆神的神聖藥草大麻所研製而成的。阿育吠陀醫學認定大麻有增加精液、促進生殖能力的最佳良藥：

> 要品嚐令人暈眩的快樂，並獲取非比平日的精力時，可服用大麻。大麻的所有部分都有麻醉、健胃、鎮痙、緩和、鎮痛、刺激、鎮靜、催淫等作用。不過經常使用，會招致消化不良、衰弱、抑鬱、性無能。（塔庫魯，一九七七年）

阿輪輪醫師在使用大麻時，必定與其他治療藥（通常為鴉片）混合使用，以作為治療早洩、性慾減退之處方。

大麻的雌花尚可以作成坦戴或瑪瓊。這兩種藥物據說不僅可用於治療性障礙，也使用於增加性愛歡娛、增加生活品質。坦戴的成分除大麻雌花以外，還加入黑胡椒、乾燥之玫瑰葉、罌粟果、杏仁果、黃瓜種子、香瓜種子、砂糖、牛乳與水混合而成。

喝下後，豁然開朗，愛唱歌、愛跳舞、愛說話，食慾與性慾同時亢進。上述狀態可持續七小時。之後，睡意來襲。無噁心、胃脹、消化不良等副作用。（塔庫魯，一九七七年）

瑪瓊的原料則為大麻葉與花，加上印度大麻葉、鴉片、罌粟果、毛曼陀羅、洋金花、番曼陀羅的種子與葉片、苜蓿、茴香、姬茴香、砂糖、牛油、麵粉、牛奶。喝下半杯瑪瓊，就會出現下述的驚人效果：

恍惚感，心情活潑、開朗，食慾與性慾同時亢進。（塔庫魯，一九七七年）

與阿育吠陀醫學一樣，西藏醫學在性及春藥的使用上，有相當積極的態度。西藏醫學是以阿輸輸為基礎，加上古代西藏的宗教、民間療法、佛教、道教的煉金術等等要素統合而成。西藏醫學雖是現今有文獻紀錄、最早的醫學體系，卻鮮為西方世界所知。西藏醫學主張，所謂健康，即為肉體及意識與宇宙之間的調和狀態，只有圓滿、健康、滿足的性生活，可以讓一個人在肉體及精神上都得到健康。西藏醫學書中，有這樣的敘述：

無氣力及羞恥之男性、孕婦、虛弱之女子、月經中之女子、不可性交。冬季一日性交二、三次亦可，因冬日精液之量增加之故。春、秋二日一次，夏季十五日一次。過度性交有損五官。（雷芬格，一九七六年）

根據西藏醫學理論，沐浴、香油、營養豐富之食品皆可促進精液製造，對健康的性生活是有益的。無能、冷感、不孕、性慾減退等性障礙，出自於否定的情感（憎恨、強求、嫉妒、傲慢）、惡靈的依附、肉體及精神的疾病等各種原因，在治療上用得最多的藥品即為阿魏（Ferula assafoetida）。被稱為「終極治療藥」的阿魏是將茴香根莖分泌出來的一種樹脂加以提煉、精製、煎煮後，加上牛奶製成的（克理佛，一九八四年），不僅用於治療性無能及特定的身心症狀，也是一種春藥，因為從西藏醫學來看，精神不調適大多可用積極的性生活治療、改善。

阿育吠陀醫學除了各種藥草以外，也將大麻、牛奶、牛油、小米、雲雀肉，以及傳說中存在的喜瑪拉亞雪人的肉，視為春藥。

中國春藥

春藥的力量馬上就要過去。在這個想法的驅使下，他自暴自棄地更沉溺於激烈的肉慾中。

——艾提恩布爾《中國》

中國向來將性愛視為天與地、大宇宙與小宇宙、男與女、明與暗、剛與柔、固體與液體的調和，換句話說，也就是陰與陽之間調和的具體表現。從混沌中生出的宇宙，因兩極以及陰（女性）與陽（男性）之間活潑的、不停變化的交互作用而生生不息。陰陽的調和使宇宙存續，更賦予人類健康與長壽。從這個角度來看，男女肉體的合一，也就是陰陽的調和，被中國人視為一種儀式、宗教以及人生哲學。當男性的翡翠棒（陽）插入蓮蕊（陰）之際，陰陽才開始有了互相依存、互補互持、合而為一的關係。蓮蕊與翡翠棒之間能源的交換，在道教中是充滿祕密儀式的行為：

沒有交合的愛，招致慾求不滿，無法產生陰陽調和，是不健康的。只有陰陽調和，才能帶來人生的平和與喜悅。（張，一九七七年）

明朝前後，中國出現了《金瓶梅》等多本情色小說，從這些小說中，展現出在傳統性技及道教教義下，所延伸出的性認知、想法與做法。性的目的在積蓄包含於精液中的陽性能源，以獲得永遠的生命。在這方面，道教與怛特羅、阿輪輪是共通的。道教也將精液視為生命力的源頭，應避免過度釋出。

因此，射精是應該盡量避免的。男性如果能抑制射精，則一次可同時與多數女性交歡，滿足她們。男性必須滿足女性，使其漫溢歡樂之露，只有在此情況下，男女才能吸收到交歡的能源。

明朝的情色文學中，視性交時服用春藥為理所當然之事，並多所記載。中國將所有可使男根勃起、促進男女房事歡愉之物品，都視為春藥。

中國男性經常將春藥裝在袋子中，隨身攜帶。他們認為正如陰之隨陽而來一般，性愛隨春藥而來，因而對春藥存有相當的敬意，大方地討論。對中國人而言，春藥不僅可以治療性方面的障礙，更可將愛的歡愉帶至最高境界。不論皇帝、貴族、農民、道士，都同樣愛用這種帶來奇蹟的藥物，因此不論在社會、在文化上，春藥都是被容許的物品，不僅存在於宮廷貴族的豪宅、百姓庶民的家庭，更流傳於花街柳巷之中。那些取著蘭香、秋桂、蓮華、冬花、春霞等美麗名字的歌女，在樂曲昇平中，以春藥麻醉恩客，同眠共寢。

中國人心目中的龍，融合了許多種動物的特徵：頭如駱駝、角如鹿、眼如兔、耳如牛、體如海蛇、八十一枚鱗（陽之象徵）如鯉、爪如鷹、足如虎。另外龍口留著如仙人一般的鬍鬚，胸前還抱著一顆珠子。龍利用思維，自體繁殖，在自我思考下產卵、生子。龍的生命源頭為其體內之火，可以變成水或火焰，而這把火正是男性生殖能力的象徵。

龍飛翔於海上，唾液垂下，滴在海面的瞬間，便立刻形成「龍涎香」，散發無比的香味。龍死後，會留下大量骨頭（龍骨）與巨大牙齒（龍齒），殘存於河床上或洞穴中。不論是龍的骨頭、牙齒、犄角或唾液，都是最精萃的陽之精華，因此也是最佳春藥。由於這些物品數量非常稀少，大多數人只能退而求其次，尋找代用品。龍骨與龍齒最常見的代用品中，要屬牡蠣及比諾斯貝的貝殼磨成的粉末，而龍角與龍涎香則分別以鹿角及麝香代替，這些代用品雖然不如真品一般精萃，但是仍密藏著相當強大的陽能。中國最古老的性愛指南書中，便已有將鹿角視為春藥的記載：

男性回春、壯陽，以鹿角為最佳。服用後，在臥榻不知疲，不損精，色不泛青。鹿角粉碎，以三百公克與烏頭根混合，每日三回、每日服用一小匙，後果可期。（石原與雷維，一九七〇年）

在烏頭根與靈芝（一種寄生於松樹根部的菇類）陪襯下，鹿角粉的力量更為強大，人服用後不但延年益壽，而且對房事樂此不疲。其原因在於靈芝為純粹的陰，而龍（骨及齒）則為純粹的陽，兩者互為絕配。使用這兩種藥材混合的春藥，據聞有男性一夜與七十名女性交媾。道教不斷地追求長生不老的仙藥，換句話說，便是在不斷探索健康、年輕、永保生殖力的方法。有一說，靈芝至少能增加五百年的壽命，在中國被視為無上珍品。然而在中國，只能在深山峻嶺某種特殊的樹木根部可以找到靈芝，是否與日本靈芝相同（靈芝在日本也被視為各種特殊效果的藥材），並不得而知（松木，一九七九年）。

神話傳說靈芝等菇類是精靈的食物，而山野精靈則是「天之根」（朝鮮人參）的守衛、保護者。在中國及韓國的傳說中，都將人參形容為在天上育成而降至地上之物，為天與地，也就是神與人之間的橋樑，有的神話中人參化身為天上精靈，有的則化身為醫學神仙、山野精靈，不一而足。

人參為山野精靈丹煉養育而成的神聖植物。採集人參，必須選擇有月亮的夜晚。人參能賦予人類、長生不老的能力，其如小人形體一般的根部，便代表了為人治病的山野精靈。

人參為韓國及中國東北深山中的野生植物，非常稀有。獵者在狩獵這種「天之根」前必須清心寡慾，不許肉食，進山時更不得攜帶武器。人參通常生長在高大樹木的陰暗處，極難找到，不過，據說人參在最昏暗的地方會發出微弱的光亮，所以在夜晚反而容易找到。獵人在發現目標後，便對天根及山野精靈高唱乞求：

啊，偉大的精靈。請勿走開。
我清心而來
靈魂毫無汙垢
所有的罪惡、邪念均洗淨而來
請勿走開，啊，偉大的精靈。

乞唱過後，才能開始挖掘這神聖而高價的植物。或許因為人參的根部與人類的形體類似，或許因為採獵人參前已長時間禁慾，根據傳說，獵人在挖掘時，人參時常會變成各種性感的形象。還有傳說故事指人參獵者與人參精靈成婚、生子，過著幸福的生活，但回首後發現一切僅為幻影，而身旁的人參已經腐朽。

不論在韓國或中國，人參都被認為是讓人不老長壽的萬能藥，如翡翠棒貫穿蓮花一般，人參是貫穿大地的天之根。因此，朝鮮人參也被視為結合陰與陽、天與地、龍與菇、女與男之物。中國最古老的醫書中，有這樣的記載：

> 最重要的莫過於加強——原本來自於天上的——根源的生命力。人參煎煮後服用，根源的生命力將恢復至原有（原始在天上）的狀態。

有人為了保健強身將人參當作強壯劑，有人為治療病痛將它視為藥品，還有人為了翡翠棒的強健，將人參視為春藥。但如果要想長生不老，則必須使用另外一種非常特別的人參：

必須是在地面下生成已有好幾百年的人參不可。人參隨著生長年份，形體越來越接近人類，表示原來存在於天上，來到地面後，隨著地氣逐漸在變化中。生長三百年後，根部完全成為人的形狀，逐漸露出地面，也就是說，在天地之間出現。人參的血液呈白色，飲下後，可不老不死。被飲過血的根，溶化後還歸天上……（奇爾基多佛，一九八一年）

雖然文史上從未記錄過任何因為服用朝鮮人參而不老不死的個案，但是人參的確被整個亞洲視為萬能藥，更是能返老還童的珍貴藥品。印度古代經籍《阿闥婆吠陀》，也將人參歸類為內服春藥，並大加贊賞。就好像歐洲人喜將茄參屬的根用於愛之魔法上，形體酷似人的人參在亞洲也被當作愛之護符。

將人參、生薑、鴉片、麝香、蝦等研磨成粉而製成的春藥丸，據說效果特別之高。另外，以人參、大豆、牡牛陰莖、人的胎盤等製成的藥品，也有相同的效果。還有一種以人參、生薑、甘草、棗子等成分作成的茶，一日飲用三次，據稱直接可對丹田（肚臍的正下方）發生作用、刺激整個下半身的性能源。服用一星期後，下半身便積滿能源，可予取予求。而在前戲前三十分鐘生食下人參片，效果尤佳。

或在已進入前戲後，飲下人參茶，也可增加性快感，並提高持續力。在翡翠棒隱沒於蓮花蕊後服用的春藥種類也很多。交媾間，有為維持體力而飲綠茶之說，有為提高五官之快感而吸入鴉片之說，更有為延後或抑制射精而飲酒之說。還有在茶與酒中，混以「愛液」（膣腔分泌液）之說。為膣腔鬆弛之女性，則有以有收斂效果的藥草與硫磺混合而製成的「陰門收縮劑」。為愛合完畢，或在愛合之間「恢復戰鬥消耗的體力」，中國人還有事先準備各種菜點的習慣，例如魚子稀飯、生薑牛肉、酸桃、粥點。萬一吃下這些食物還無法恢復元氣，中國人更有各種春藥伺候著。這些春藥取材自鹿角、芋頭、烏頭類（aconitum spp.）、亞伯利亞遠志（Polygala sibirica）、肉叢蓉（Cistanche salsa）、四金燈藤（Cuscata japonica）、蛇床（Cnidium monnieri），以及數種沼澤植物〔細辛（Asarum sieboldii）、黨參（Codonopsis pilosula）、菖蒲（Acorus calamus）〕。在中世紀的中國知識階層中，尤其流行一種被稱為「酣適粉」的強力藥品。這種號稱為「長壽仙丹」的藥品主要是以烏頭、鍾乳石、蚌殼，再混以各種藥草而製成的。十一世紀的詩人蘇軾曾有過這麼一段文字記述：

> 欲得長壽，服用鍾乳石與烏頭，沉溺於肉慾，始於何晏（三國時代魏之學者，蘇軾）。（華格納，一九八二年）

傳說中，這類藥粉改變意識的效果很強，因此也被用為春藥。可惜的是副作用非常嚴重，如果服用上癮，幾年後人便廢了。有一說為烏頭的毒性會進入脊椎，而染上烏頭毒的人，到了最後悲慘不堪：

從外表上立刻可以看到的特徵為痙攣與腫瘍，大小便皆無法排出，咀嚼筋不斷痙攣，手腳疼痛，眼珠不轉，顏面及全身起瘤。腹部出現許多破裂線。心臟疼痛，肛門及背後潰瘍，陰囊腐爛。（華格納，一九八二年）

即使如此，仍然有許多人為追求一時的快樂而使用酣適粉，後來中毒而死。到了現代，這種有害的藥劑當然已不再被使用，但是中國社會中仍不斷地在嘗試、尋找新的春藥，鳥的排洩物、燕子的巢、人的指甲、處女的血、尿的沉澱物、人、熊、山羊、牡牛的精液或血液、蟾蜍的毒或腦、烏龜的卵、甲蟲、雀蜂的巢、蜻蜓的粉、烏賊、猛毒的河豚的精巢，都被當作春藥使用。

目前，在東亞一帶，犀牛角、鹿的陰莖、海豹的陰囊、麋鹿的角、蚯蚓泡的酒、甲魚的血，均被視為春藥，其中尤其常用的有各種蛇的肉。在台灣、東京都可見到專門賣蛇肉的餐廳。這些餐廳會依照顧客不同的需要，奉上不同的食品，先請飲下蛇的生血，再吃蛇肉。據說，女性不宜吃蛇肉，怕女性食用促進翡翠棒勃立的蛇肉後，會吸收太多的陽氣，而變得太男性化了。

第二章

極品春藥

吾人將昨日化為明日，儲備新的力量……

——埃及紙莎草紙，第九九〇〇號

早在太古時代，埃及人便已於日常飲用啤酒。古埃及人以穀類的粥糜釀造成啤酒後，不但將啤酒視為一種藥品，而且還在許多愛之詩中歌詠其存在。對古埃及人而言，唯一一種比啤酒更值得讚美的酒類，就屬供奉於神殿的葡萄酒了。據說這種葡萄酒其實是用石榴釀造而成，具有強力春藥的作用，在哀送死者的儀式中使用尤其頻繁。將木乃伊送進墓室時，跟隨在葬儀隊伍後面的人便開始在這種葡萄酒的驅使下起舞。「歌姬舞姬為侍奉愛、音樂與陶醉的哈特霍爾女神，一面敲打著希斯特魯姆（一種打擊樂器）及頭飾，一面隨著送葬的隊伍行進。」（克拉納赫（Cranach），一九八一年）在葡萄酒意中，死亡與再生、生殖與愛，神祕地相融為一體。

埃及人認為，人在自己的意識中，也如木乃伊般有一間「易容屋」，那是讓心靈內部發生靈妙變化之地方。因此，他們將許多改變意識的物品，如酒類、各種神賜的植物，都當作神聖的物品看待。在埃及這塊神仙的土地上，由尼羅河孕育而來的神聖植物，因受到「神仙的滋養」，被讚美為「天上的食物」「存在之精華」。其中有一種名為「庫特」的灌木，現在仍以「卡特」之名，在葉門及伊索匹亞等地被視為珍品（慕賽斯，一九八六年）。有「開啟樂園之鑰」（羅安貝格，一九七〇年）美名的「卡特」灌木（Caltha edulis，裸實屬），能「使精神飛揚，趕走睡意，產生在烈日下強行軍般的爆發性能源，令人忘卻空腹感。」（雷文（Raven），一九八一年）服下「卡特」後，據說立刻會從心底湧起一股幸福感，開始做起白日夢，並進入一種神祕的體驗，因此也被用做春藥。不過，長期服用「卡特」會導致消化不良的身體不適情況。

「卡特」的主要成分，與有名的愛之藥安非他命誘導劑，有許多類似之處。當地人有的將葉及嫩枝摘下後便生吃，有的則加上蜂蜜或砂糖製成果醬後食用，還有人將這種果醬放入咖啡中飲用。當然，將葉子曬乾後，可以混入大麻、菸葉，作成香菸或茶葉。新鮮的葉片有時也被當作卡特茶的原料。古代埃及人如何運用卡特，現在已不可考，不過我們可以推論，可能和石榴酒一樣，卡特被視為宗教儀式中的一種神聖春藥。根據了解，古代埃及人曾使用含有哈馬林（有誘導幻覺作用的生物鹼）的駱駝篷，由於其種子油會誘發幻覺，埃及人利用它來作成古代東方廣為人知的春藥。吉托艾哈媚爾（恩波登，一九七二年）。而該植物本身，也和在儀式中使用的睡蓮屬（*Nymphaea caerulea*），以及醫療用的鴉片，同被視為神明的植物。

我們可以確定的是，春藥的確曾是古代人信仰的基礎。對古人而言，春藥是神明的植物，同時也是神明的神聖飲料。

希臘的多樣性悅樂

原子震動、迴旋、九個繆斯（文學、藝術之女神）微笑著端出的葡萄酒，奇蹟昇華，在夢中也未曾見過的美妙光景出現。我手腕伸至天際，小精靈們為我戴上花冠，好似化身為酒酣中的西瑞諾斯（山野精靈，戴奥尼索斯的隨從）。

——漢斯．哈爾貝克《自由的幸福》

希臘神話中的諸神，以各種姿態出現於為數眾多的美術與文學作品中，不但故事至為豐富，他們禮拜的方法、各種神明所尊奉的植物，在不同的地方有不同的傳說。至今在西洋語言中，春藥仍以希臘神話中愛與快樂的女神阿佛洛狄忒（英語為aphrodite，德語為aphrodisiac）為名。希臘人本身稱春藥為「菲爾特龍」，也是愛之祕藥，更是治療性無能的藥品，在神話中是為奉獻給阿佛洛狄忒、為崇拜阿佛洛狄忒而調製、服用的貢品。

阿佛洛狄忒在希臘文中有「從泡沫中誕生者」之意。巨神克羅洛斯（Kronos）去勢後，生殖器被丟入大海。在巨大男根的周圍波濤洶湧，互相激盪的泡沫中，一名女神裸體出現，這就是阿佛洛狄忒了。阿佛洛狄忒的長髮如日光一般耀眼，從她的身體可以進入艾利激恩（希臘神話中至福之地）。在這泡沫中出生的女神周圍，斑鳩與喜鵲飛舞，兩者均是被希臘人認定可壯陽而嗜食的鳥類。

這時候，水面上出現巨形貝殼，戴著阿佛洛狄忒來到了岸邊。女神纖細的足印所及之處，花草叢生、灌木發芽。水仙、毛剪狄羅（lychnis coronaria）、藍色睡蓮、水薄荷屬（Mentha aquatica）等更沿著她的足跡而開花。就在阿佛洛狄忒從海面落腳到土地上的剎那，地上開出了第一朵薔薇，綻放出誘惑人心的芳香。阿佛洛狄忒在她所屬的島嶼塞浦路斯上，種植了石榴木，石榴果的火紅，正是阿佛洛狄忒的顏色，石榴果從此便成了春藥。

阿佛洛狄忒為人類帶來了許多貴重的禮物。她為人們帶來了愛，也帶來許多製造歡愉與豐饒的植物。綻放香味的花朵點飾愛人們的身體，而薄荷、石榴等作成的菲爾特龍，則為愛人燃起情熱。

阿佛洛狄忒女神還為人類帶來一項意想不到的禮物，那便是一種名為伊紐克斯的啄木鳥。這種鳥據說是由精靈轉世而來，可用於愛之魔法中：

捉來啄木鳥後，將其雙足與羽翼繫於紡車，在吟唱咒文的同時，轉動紡車，並將描繪著心中愛人的畫像與他持用的物品一起丟入火堆中，從此他便會被包覆在愛之網中，難以抵抗，而轉動紡車的人，也因此永浴愛中。〔格歷克森，一九七八年〕

古希臘人在性方面相當開放，對所有性慾的滿足，持相當容忍的態度。對他們而言，世界上沒有所謂「性禁忌」，不論什麼樣的性行為，沒有哪個是罪孽深重的，連成人的戀童行為也為社會所接受。甚至有男性經過與少年肛交的迂迴道路，才對女性覺醒，利用和少年同樣的交媾方式與女人交媾，感到強烈的快感。這份快樂同時打開了兩扇門。然而，女體能帶來獨特的快樂，絕非與少年的性愛中可以品嚐到的。〔瑪爾卡第（Marcadé），一九八〇年〕

從文獻上來判斷，雙性戀對希臘人而言是稀鬆平常的事。女性有時為了擁有如少男一般的身體線條，於少女時期起，會在逐漸隆起的乳房上擦毒參（Conium maculatum）製成的軟膏。毒參是一種會造成無能、令男子對性望之生畏的植物，少女使用後，會妨礙第二性徵的發育，使乳房永遠停留在花苞一般的狀態。古希臘女性的同性愛紀錄，並不遜於男性。有關女同性愛的故事，有描寫遊女、神聖娼婦、侍奉愛之女神的女祭司、萊斯沃斯（Lesbos）島的「男女同體」等，不勝枚舉。誘惑萊斯沃斯男女同體的遊女雷愛娜，在與女性同志交媾時，有如下的描述：

我就好像和男人做愛時一般，緊緊地抱著她。做完那個，幾乎無法喘息。我的身體感到無比激情後的歡愉。〔路基阿諾斯（Lukianos）〕

阿佛洛狄忒的祭禮中，有一種祕密儀式。一位名為謬斯泰的信仰者，在愛之女神出生處的海洋中沐浴後，便進入祕儀舞台的神殿中。侍奉阿佛洛狄忒的女祭司成為阿佛洛狄忒本人，而信仰者被允許接觸在肉體深處沸騰的神祕之泡。在這阿佛洛狄忒的愛之儀式中，神聖娼婦成為主角。有時候，女性同志交媾，有時候，扮演阿佛洛狄忒與赫米斯的男女交媾。儀式行進中，女神的祭典不知不覺與淫夢交錯，演成亂交。羅馬時代的希臘作家路基阿諾斯描述阿佛洛狄忒的祕密儀式如下：

在長藤的糾結纏繞之中，葡萄垂落。阿佛洛狄忒的靈魂體驗，因為她與戴奧尼索斯同在而倍增。因為兩名神祇巨大存在，才能帶來如此美妙的快樂。如果兩者缺一，那麼所能乞得的利益必將減少。在扶疏的草木與交錯的陰影下是一個清幽的環境，有桌有椅，可以坐下用餐。平常街上的人很少至此，但在儀式時卻吸引大量的人群，每個都沉溺於愛的歡愉中。

在阿佛洛狄忒的祭禮中，葡萄酒也因能提高官能快感，而被視為一種重要飲料，在主掌性愛高潮的神祇戴奧尼索斯的祭祀儀式中，葡萄酒更扮演主角。

戴奧尼索斯是可在亞洲巫術中找到源頭的神祇（恩波登，一九七七年），祭祀戴奧尼索斯的典禮，令人聯想到希臘土著為祈願豐收而舉行的陽具崇拜。在祭禮中，參與者暢飲因戴奧尼索斯而神聖的植物飲料葡萄酒，最後與這位主管高潮的神祇合為一體。在祭祀戴奧尼索斯的祕密儀式中，使用的一種令人產生幻覺的菇類，與在亞洲性祕儀中使用的菇類類似。

> 戴奧尼索斯的追隨者肯塔羅斯（Centaurus）、撒秋羅斯、麥納荻斯等人，從捕蠅蕈屬草得到不可思議的體力、性能力、幻覺、語言能力。在艾勒烏西斯（Eleusis）、奧爾甫斯（Orpheus）等其他的祕密儀式中，有時也使用笑菇，現代仍為葡萄牙的女巫使用。（蘭克─格拉非斯，一九八五年）

經好色的撒秋羅斯之手而榨出的神聖葡萄酒，與現代的希臘葡萄酒之間，一點共通點也沒有。撒秋羅斯的葡萄酒，是所謂大地之血，必須以水稀釋（葡萄酒一與水三的比例）後才能飲用。如不經任何手續，將原始的酒喝下的話，如不陷入永遠的狂亂，便會死相難看。

這種葡萄酒除了有從木桶移出時的松香以外，還有各種植物的香味（苦艾草、柳薄荷、月桂）。另外，因為還加上了某種會誘發幻覺的植物，因此人飲後，便開始感覺強烈的恍惚。傳說，這種植物是居住於山間的精靈採集來的：

> 採集植物如同打獵。古代人將植物視為大地之子，以及性愛的極樂之源，因此將它擬人化，從它的外觀上做與性愛相關的聯想。（路克，一九八四年）

東地中海各地的春藥葡萄酒中，多少都摻有下列的植物：有提神效果的唇萼薄荷（Mentha pulegium）、與冥界之神哈得斯（Hades）關係深厚的天仙子（Hyoscyamus niger）、塞薩利亞（Thessalia）巫女施行愛之魔術時使用的茄參屬、番曼陀羅。此外，香油、沒藥、牛至油、紅花子油、仙客來、夾竹桃（Nerium）、聖誕紅（Heleborus），連鴉片都被用在葡萄酒中〔路克，一九八二及一九八四年；韓森（Hansen），一九八四年〕，酒效之強，連第一大巨人丘庫羅布斯（Kyklopes）也招架不住。古希臘三大悲劇作家之一歐里庇得斯（Euripides），透過陶醉於葡萄酒的丘庫羅布斯之口，說出下列的話：

天地亂織，交錯混合，
昏昏然旋轉中，
宙斯的玉座與光亮的各個神體，隱然可見，
可以一親芳澤嗎？

日後成為東方數一數二春藥的撒秋麗恩，則與祭祀戴奧尼索斯的祕儀有極深關聯。希臘神話中有一則故事說，撒秋羅斯與一名仙子所生下的少年歐吉斯，因不勝葡萄酒力，居然將麥納德斯（Mainades）人殺死，還侵犯了要獻給戴奧尼索斯的處女新娘。於是麥納德斯人不但將歐吉斯（睪丸之疑）殺死，還將他的屍體撕個稀爛。

做父親的撒秋羅斯向神祈求，讓兒子生還，但他的願望只實現了一半，因為歐吉斯回到了世間，但化身為美得令人屏息的白山千鳥〔Orchis aristata，一種蘭花，希臘文則為撒秋麗恩，球根與歐吉斯（睪丸）長相完全一樣。〕白山千鳥的球根成為撒秋羅斯的最愛與效果至高的春藥。逐漸，整個東方都知道了白山千鳥的效果。服用了撒秋麗恩的撒秋羅斯精力絕倫，隨意地將精液播灑向大地，濡濕了大地女神瑞亞（Rhea），而在愛之魔術中經常使用到的植物，茄參屬的毒參茄於焉誕生。

希臘文中將有類似效果的植物統稱為毒參茄。古代希臘的植物學者提奧富拉斯特斯筆下的毒參茄，可能是顛茄（Atropa belladonna），或茄屬的一種（Solanum somniferum）。據說飲用後，夢中便會出現誘人的美女，提奧富拉斯特斯記載道：

> 毒參茄之葉與大麥粒併食，可治療潰瘍。將根部的外皮剝去、浸於酸醋後，與葡萄酒或酸醋併服，則可治療丹毒及痛風，也可當安眠藥及春藥使用。將根切成薄片，用細繩串起，以煙熏之，亦可。（《植物誌》，第九卷第十節）

泰奧弗拉斯托斯（Theophrastus）為希臘逍遙學派哲學家，他認定毒參茄有雌雄之分，這種植物有春藥之療效，連使用在大象身上，都看得到效果。據說雌象吃食後，都會強烈發情，像瘋了一般地向雄象求愛。

古代希臘人除了葡萄酒、撒秋麗恩、毒參茄以外，還使用其他多種春藥，如白屈菜屬（Chelidonium）、蒿屬（Artemisia）、獨活屬（Heracleum）等植物，以及石膏、黃玉、瑪瑙、鍾乳石等礦物、章魚等各種動物的睪丸、生殖器。

縱情聲色羅馬人

在橫笛的樂聲中，普利阿波斯（Priapos）的麥納德斯人熱血沸騰，頭髮披散，全身狂舞，迷醉於醇酒與快感之中。她們的目光閃爍，兩頰泛紅，胸如波浪一般鼓動，失神一般陷入自己的情慾之中，不能自己，與奮地發出歡聲……她們真摯而奔放，在亂舞中忘記自我，賦予普利阿波斯老去的男根，新的生命。

——維納斯《諷刺詩》

羅馬是古代希臘文化的後繼者，他們模仿古代希臘人的生活模式，並繼承希臘多種文化特質，將古希臘神改換一個羅馬式的名字，照樣崇拜。戴奧尼索斯成了巴卡斯（Bakchos），阿佛洛狄忒成了維納斯，維納斯之子普利阿波斯則沿襲同樣的名字，在羅馬受到崇拜，被視為勃起的男根之象徵，春藥之神。古羅馬稱春藥為阿瑪托利亞或阿瓜阿瑪托利亞。在普利阿波斯的神像前面，男性祈求精力、女性祈求戀愛成功、女巫祈求獲得使戀愛成真的魔力、祭司祈求大地豐收。信仰者在普利阿波斯的陽具上塗抹上油膏，因為當時男根不僅插入女體，插入男人身體內也是極普通的行為，為了滑潤，所以有了這種習慣。在神像的腳邊，種植有製作阿瑪托利亞用的植物，如茴芹屬（Pimpinella anisum）、芥藍（Brassica eruca）、歐防風屬（Pastinaca sativa）、塔花屬（Satureja hortensis），而這些植物都被認為有激發戀心、煽動情慾、增加精液、獲得極至悅樂的力量。

另外，阿瓜阿瑪托利亞（阿瓜為水，因此也可稱之為愛之水），則是將山羊、野狼的睪丸、骨髓、人類的肝臟等乾燥後，加上數種毒草，包括被視為維納斯的恥毛變身而成的蓬萊鳳尾草，調劑而成。愛之水不但能增加性慾，提高性愛的快感，而且有保健養生、返老還童之用，在羅馬的一般市場中都可以買得到，不但一般平民需要，過度沉溺於性愛而精力衰退的貴族們，更為了即將到來的亂交狂宴，不得不常服用。

卡利古拉皇帝（Caligula）與尼羅皇帝經常飲用愛之水，並沉溺於淫樂之中。克勞帝斯（Claudius）皇帝有一名因淫亂而留名的妃子美薩麗娜（Messalina），她不但每天服用愛之水，而且為了在亂交狂宴中更解縛奔放，還讓她為數眾多的愛人也同時服用。

另外，各朝的皇帝還喜歡使用一種名為珊荻克斯西羅波里恩的藥草，據說古羅馬第二代皇帝提比略（Tiberius）便是使用這種藥草，這是被羅馬征服的日耳曼人朝貢時獻上的。

不僅在皇帝的宮廷中，一般人的私宅中也常舉行亂交。羅馬人模仿戴奧尼索斯的祕儀，稱呼這種狂宴為巴卡斯，但是進行過程中，已毫無祕教的特質，淪為淫亂的宴會，只見春藥與葡萄酒亂飛。當時有位哲學家便針對葡萄酒之害，留下了這樣的文字：

> 飲葡萄酒醉後，人便失去理性，所有的惡德都浮現出來。這些惡德並非因酒精而產生，而是原來便隱藏於人的內部，因酒醉而浮至表面。好色男不及回寢室，當場便把慾望訴諸行動。（普來撒，一九八一年）

普里尼斯（Plinius）稱葡萄酒為「慾情之教師」，並譴責它「踐踏人倫」，因為「人一旦酒醉後，公然在公眾場合與他人之妻淫亂」。（《博物誌》，第一四卷第二八章）。名聲惡化後，宮廷便禁止民間再舉行巴卡斯的祕儀，但表面上雖然被禁，暗地卻反而變得更狂亂、更淫蕩，連蕁麻鞭都用上了。男女相互以粗重的蕁麻繩鞭打，直至皮膚紅腫、極度興奮、感到普利阿波斯的靈顯現為止。有一說，籌麻的種子中含有催淫作用的油脂，女性用蕁麻葉摩擦陰部，直至陰部產生發燒般的痛感，轉而成性高潮。

羅馬人知道大麻的存在，但拒絕碰觸，他們相信大麻的種子會令人性無能〔布倫納（Brunner），一九七七年〕，羅馬人對性無能近乎恐懼，認為如果不是被女巫作法，就是過度沉溺性事，才會產生性無能。如果晚上在街上不小心踩到不潔之物，或踐踏到屍體，也可能變成性無能。一旦無能後，羅馬人會求治於醫師。醫師的治療法千奇百怪，如禁慾主義者的普里尼斯留下的處方，包括以驢子的陰莖撫慰陽萎的部分，以剛才交尾完的母牛尿液清洗，用鶴皮包住禿鷹的右肺，或以牧羊的皮毛包住雄鳥的右睪丸，作成護身符戴在身上，將鱷魚的犬齒繫在手腕上，將老鼠糞塗抹於身體上等等。在奧維迪斯（Ovidius）的《愛之技術》書中，也有規勸陽萎者吃食蔥白、雞蛋、蜂蜜、松子等的文字。

當醫術無法挽救時，病人便轉向普利阿波斯的女祭司求救。佩特羅尼烏斯（Arbiter Petronius）在《薩蒂利孔》中有一節，以諷刺的語氣寫下女祭司的工作內容。該書的主角為治療性無能，必須先付了治療費，然後才開始接受女祭司的咒語治療。但是祭司無論怎麼念咒、怎麼施法都無效，最後這名普利阿波斯的女祭司只有拿出最後的手段——祕密儀式：

女祭司取出一根用獸皮做的男根，在上面灑滿了香油、碎胡椒和磨成粉末的蕁麻種後，緩緩地插入我的肛門。接著，那名鬼老太婆在我的大腿中也注入同樣的液體，並在我的陰莖上塗抹以水辣椒和苦艾。然後，她拿出一根蕁麻鞭，一下接一下，徐徐地打在我的下腹部。（《薩蒂利孔》，第一百三十七節）

一千零一夜與天上的處女

為了代替在地上的交合，將賜給人天上處女的吻——鴉片。

——雅自迪

古代希臘社會舉行的祕教式性儀式，到羅馬時代便逐漸墮落、劣質化，至基督教流行的中世紀，在歐洲已完全絕跡。然而，希臘人的這份文化遺產卻流傳到了近東，在異教徒中再度興盛。近東，也就是中東人，不僅一直對性的態度開放，而且對使用春藥採取積極接納的態度。

古代希臘人用的撒秋麗恩，到了近東以後，名稱改為「撒麗普」，是由「庫撒、阿路、他拉普」（狐獨的睪丸）這幾個阿拉伯字縮減而來。從地中海沿岸到波斯一帶的地方，撒麗普極為普遍，據說是從遠地運來的，材料包括白山千鳥的球根、麵粉、辛辣調味品、蜂蜜。另外，毒參茄被近東人視為愛的護符，廣泛流傳，不但視其果實為「愛之蘋果」，極愛食用，而且將葉子曬乾吸食，將根部以酸醋浸泡而飲用。近東人與希臘人還有類似之處，他們不但都相信鴿子、雄鳥、麻雀有壯陽作用，因此喜歡食用，也都認為葡萄酒是「有愛之人的飲料」，認定其有春藥的效果。

中東文化不僅有希臘色彩，同時也受到埃及、波斯拜日教、阿富汗、印度等文化濃厚影響。在這樣的多文化衝擊下，春藥種類就更多了。在接受伊斯蘭教以後，中東人雖然開始禁酒，卻從未鄙視性愛與春藥。穆罕默德先知本人不但極愛女色，而且對春藥的使用相當開放。《可蘭經》注釋者伊本．阿拉比曾說：「穆罕默德愛女性，因為他相信經過交合，尤其能夠沉潛於神明之中，而達到與神合一的境界，那是最深切、最完全與神明接近的方法。」因此性行為被視為連阿拉也嘉獎的神聖行為。九世紀左右，中東曾出現一種伊斯蘭神祕主義，主張通過不論是男性之間或男女之間的性結合，進入神仙一般的恍惚狀態，進而得到神祕體驗。這種神祕主義稱之為斯非伊斯姆：

他們（可能是同性，也可能是異性）設法通過性愛，更接近神。他們試圖透過性高潮，達到肉與靈的合一。插入愛的對象的剎那，他們與神成為一體。對他們而言，交合是達到神祕恍惚感的手段。（曼德爾，一九八三年）

《可蘭經》和《聖經》相反，允許信仰者參與所有種類的性交：

汝之妻為汝等之田地，如汝所欲耕作即可。（《可蘭經》第二章）

換句話說，《可蘭經》容許不以生殖為目的，純粹為快樂而有性行為。對伊斯蘭教徒而言，在女性這塊田地中，不論在哪塊田間下鋤頭，是個人的自由。從有伊斯蘭教以前，中東人便對肛交相當開放，在有了伊斯蘭教以後，這種快樂也沒有被剝奪。《可蘭經》中明白表示，男女間維持愛的關係是很重要的。不過，愛的目標經常只有一個，那便是肉體的合一。男女為維持愛與交合的機會，因此編織出各種伎倆。女人如果覺得丈夫的心若即若離時，便將自己幾滴尿液或月經血，混入丈夫的食物或飲料中。同時她們用毒參茄根為丈夫做護身符，在丈夫的衣服上縫上蝙蝠皮。除了上述物品以外，還用芹菜根、月桂樹枝、麻雀頭腦、斑鳩血液或心臟、用螞蟻焚燒過的蟾蜍左半身的骨頭、雄鳥或驢子、馬的睪丸等等，當作春藥。男子如欲防止妻子不貞，可將自己的指甲焚燒，混入妻子的食物中讓她吃下。

女性對「歡樂之門」的陰道愛惜有加，盡己之力加以保護，因為有魅力的陰道本身便是一種春藥：

年輕女性的陰門長相勻稱，形體美麗。唇部狹長，裂口大開，邊緣左右對稱，美麗圓潤的邊緣，柔和、完美、誘惑。願神明許讓我擁有那美麗的陰門。它既溫暖，又緊收、乾燥，好似隨時會從裡面併出閃亮的光芒一般。優美的形體，芬芳的香味，周圍的肌膚雪白，襯托出那裂口，更加血紅鮮麗。（《馨香庭園》第九章）

在中東，狹緊的膣腔比較受歡迎，因此當地的女性用明礬（硫酸鉀鋁）收縮膣腔，有時將明礬插入，有時將其溶於水後，清洗膣腔。如在清洗液中加入具收斂性的栗樹皮，據說效果更好。此外，沒有陰毛，或經過脫毛處理後的陰部，也被視為美，因為處理過後，陰部的裂口更加明顯，而其外觀與第二歡樂之門的肛門，形體更為類似。因此，女性（尤其毛質剛硬者）定期剃陰毛，並在光淨後，塗抹上漢納（一種植物，為黃色染料），將陰部染成火照一般的顏色，並提升附近的感性。在中東一帶，漢納也被認為是一種春藥。「漢納使女人青春美麗，增高快感。」〔阿納斯（Anas）〕女人還會在手腳的指甲和額頭上塗抹漢納。陰部的氣息也是重點，需消除臭味，增添引人幻惑的強烈芳香。在用銻（Antimony）及瑪蒂樹的樹脂（mastic）消除惡臭後，女性通常會用薔薇的香水清洗，或用沾有薰衣草、麝香之類的濕布擦拭陰部。如果再加上麝香酒之類的香料，味道就更明顯了。自古以來，中東人便極愛好麝香的味道。穆罕默德為博得女信徒的喜愛，也曾使用麝香。製造麝香的手續複雜：

> 用薔薇水與會散發芳香的植物萃取液，澆養丁香，或餵食斑鳩、駱駝七日後，再予以屠宰。在玻璃容器內先塗抹油料，滴入獸血。為防灰塵，玻璃容器必須加蓋。待容器內血液凝固後，以一比五的比例，加入丁香，放入塗抹有阿拉伯橡膠的皮袋中。（休特倫（Stern），一九〇三年）

在陰部塗抹香料有兩項優點。這些香料不但使女性的性器官散發出濃郁的香味，而且還能發揮春藥的作用。經過脫毛處理、又裝扮得火紅的陰道，勾引男性的性慾，「女性的幸福便是能得到又大又硬的陽具。」（《馨香庭園》第十八章）貧弱無力、勃起不完全的陰莖，會被妻子拒於門外。根據伊斯蘭法，性無能是離婚的正當理由，丈夫必須盡所有的力量滿足妻子。

治療性無能有很多辦法，如一天兩次、連續七天至回教寺廟中詠唱禱告文、以食物治療、以內服或外用藥治療。中東人相信蜂蜜、母菊、甘醋、聖誕紅、蒜頭、肉桂、肉豆蔻、肉桂混製而成的甘甜飲料，對治療性無能很有效果，健康的男性也可將其當成強精劑服用。另外還有一種強精劑，製作方法極為複雜：

將番紅花葉十五公克、茴香及野生蒜頭各二十公克、橘花莓二十五個、乾燥肉桂五十個、蛋黃四粒、清水五百公克，全部放置於上過釉的陶土鍋內，加蓋煮二十五分鐘，將鍋從火上移開，仔細攪拌，直至所有材料混成爛泥狀。加上純粹的蜂蜜與兩隻斑鳩的生血、等待二十四小時。中間可搖晃容器三、四次，確定材料融混。時間一到，用一張細濾網，將渣與汁分開。在就寢或性交前三十分鐘前，飲用一、二小匙汁液即可。分一星期服用。（休特倫，一九〇三年）

伊斯蘭社會認定性機能健康為善事，因此公然認可使用春藥。穆罕默德先知本人便經常使用。在這樣的社會中，設法經營性生活，圓滑而快意，當然也被視為一種美德。《可蘭經》雖然禁止使用酒精，但是卻認可能製造出「快意氣氛」的植物，例如食用一種「香味滿溢、味道甘美的菇類」泰爾發後，便可「刺激腦部、緊收神經、增進性慾。」（休特倫，一九〇三年）這種有提神效果的春藥，其實不止泰爾發（可惜從史料上已無法考據其使用之植物名稱）。十三世紀威尼斯的旅行家馬可波羅在他的名著《東方見聞錄》中，曾記錄在波斯一帶流傳甚廣的

「山中老人」故事。山中老人是指一名伊斯蘭教徒阿拉丁，他擁有一座美麗的庭園：

在兩座高山環繞的美麗幽谷中，阿拉丁建造了一座美麗庭園，裡面有最高級的果實、最芬芳的花朵，四處可見黃金、繪畫、絹綢的妝點，庭園中有不斷湧出清水的泉源，也有流動著美酒、牛乳、蜂蜜的河川，規模和設計都可與各地的宮殿比擬。還有許多比宮女更美貌的女侍，以美妙的歌聲、優雅的琴聲、動人的舞蹈招待來賓。女侍身著亮麗的服裝，與庭園中的花朵比美，也為庭園增添更多歡樂。伊斯蘭教徒的山中老人，請人特別設計這一座花園，以接近穆罕默德為教徒描繪的樂園景象：美女環繞、各種官能之歡娛隨處皆是。

在麝香瀰漫的伊斯蘭教花園中，山中老人特別遴選年輕力壯的青年，送進庭園中：

山中老人選中十到十二個年輕人後，餵以安眠藥，趁昏睡中，將他們運進宮殿內。年輕人從睡夢中甦醒後，立刻被眼前的美景所迷惑，是真是幻，無法分辨。他們的視線被載歌載舞、戲弄嬉樂的美女所吸引。美女以震撼心靈的方式撫弄，並獻上美酒佳餚，讓他們沉醉於官能的歡娛之中。他們認定自己進入了真正的樂園，希望永遠不要走出這片極樂之地。

可是過了幾天以後，年輕人再以同樣的方法被運了出來。當被問到過去的時日到什麼地方的時候，他們異口同聲地回答：「樂園」。一旦品嚐到樂園的滋味，這些年輕人永遠不會忘記，隨時隨地都想要回去。山中老人於是利用這種心態，要他們暗殺特定的人物，報酬是讓他們回到樂園。

這一段故事令東方學者傷透腦筋：到底這故事有沒有歷史的根據，還是單純的傳說。所謂山中老人是否便指暗殺集團阿薩辛派（Assassin）的指導者哈桑．薩巴（Hassan Sabah）？那些年輕人被餵食什麼藥品？十五世紀相傳的另外一則故事，和馬可波羅的這一段記述非常類似，不過在那故事中，年輕人被灌的是「溶有哈希許的酒」。故事的翻譯者，哈默．派格斯多爾推測，酒中應也攙入鴉片與天仙子。

哈希許從八世紀便開始在中東流傳開來。待中東回教化後，哈希許成為極受重視的麻藥與春藥。在阿拉伯醫學中，哈希許被視為可打開「慾望之門」的工具，不過長期使用，會招致性慾減退。〔納哈斯（Nahas），一九八二年〕

許多詩歌也曾歌頌哈希許。十二世紀的波斯詩人哈瑪薩提便如是歌詠道：

飲下哈希許後，龜頭便如同鑲了金一般
不論什麼樣的陰莖都至少會成長兩倍
哈希許讓人在理性中頓悟
但是不知節度的人，必成驢馬
愚者喲，
你因不知為歡愉使用哈希許而得名。

（蓋爾普格，一九八二年）

《可蘭經》雖然禁酒，但是大部分的伊斯蘭教徒依然嗜酒。適量飲用攙入麝香的酒是被允許的，因為那種「酒」不是酒，是春藥，而春藥在回教文化中是可以服用的。不過哈希許的作用應該強度有限，如果加入鴉片、天仙子和哈希許的話，或許酒的強度便足以讓人夢見天上樂園的程度了。

鴉片在中東存在的歷史悠久，自古以來阿拉伯人不但用鴉片治病，也運用於宗教儀式及生活娛樂上。人們使用鴉片，使精神發生變化，進入神祕而瑰麗的幻覺體驗。同時，阿拉伯人也將鴉片當春藥使用。不過長期使用鴉片，會使人偏好夢幻的境界，而不再有肉慾。據說迷醉於鴉片後，天上的仙女便會出現眼前，並在幻境中與人交合，將人的情色經驗從肉體層面昇華至精神的神祕體驗。人因而超越肉慾，漂浮於極至幸福的綠洲之中。也就是說，鴉片可以使性「超越肉體」（蓋爾普格，一九八二年），而成為一種神祕的經驗。

如欲將鴉片當作一種肉體性的春藥使用時，多半會與哈希許混合。波斯人稱這種混合物為路．在爾．阿多謝奈（魔鬼精），據說可使氣氛爽朗、性慾增強。另外在中東各地有一種非常流行的「解憂藥」，是以洋金花的葉子、生鴉片、哈希許，以及其他有春藥效果的香料混合製成（貝爾格與理克，一八四五年）。而閨女之間廣為流傳的所謂「後宮糖球」，其主要成分亦為鴉片與哈希許，不過還加上了大麻花、丁香、麝香、龍涎香、椰子、肉桂、紅花、蜂蜜、珍珠等材料。不同材料進入人體內，同時進入神經系統中，對許多神經傳達物質同時發生效用。換句話說，在服藥後，會有好幾個小時的時間，肉體與意識狀態同時進入了劇烈變化期。根據這個道理，哈默．派格斯多爾推測，或許解憂藥真是那把打開伊斯蘭教樂園大門的鑰匙。

第三章

煉金術與女巫愛之術

愛的蘋果墜落
好天使吹響號角
好似舔吸溫濕的奶嘴
青蛙相互吸合交尾
青蛙的皮膚神效
當與勾起愛的藥草
一併煎煮
從陰莖得到力量
在笑容之中
再度醒來

——葛蘭・賽德

中世紀可謂為春藥、愛之祕藥、鞭打苦行者、女巫、煉金師的黃金時代。在不逾越如玻璃一般脆弱的「淫瀆神祇」禁忌前提下，任何可以達到淫歡的刺激手段都被允許。十三世紀的貝賀特・佛萊堡，曾闡述應如何貫徹神的意旨。根據他的說法，「有的夫婦肉慾過盛，為經常經營夫妻生活，不但不知羞恥地愛撫身體，更服用會使身體發熱、刺激性慾的食物或飲料。」這種人，「與其說是夫妻，不如說是賣淫者與恩客，犯了大罪。」貝賀特・佛萊堡譴責的，並非刺激性慾的非常手段，而是男女利用春藥施行性行為時所抱持的目的不純潔。他認為不以生育為目的的交合都是罪惡的：「夫妻雖然想要子女，但如丈夫無能，使得妻子不孕時，得對妻子施與愛撫，並自己服下強精食品，或刺激性慾之烈酒。這些行為並非罪惡。」

換句話說，春藥是好東西，不過只能用在生殖繁衍上，如單純為了快樂而用，那麼便成為罪惡了。然而，為什麼快樂是罪惡呢？「聖女」海德嘉爾・賓根，在其著作《治療學》中明白表示，已充分了解葡萄酒的春藥功效：

> 葡萄酒為大地之血。就如同人體內有血液一般，大地中也埋藏著血液。葡萄酒隨著血液，快速從膀胱進入脊髓，讓脊髓燃燒發熱。灼熱的脊髓，將性慾的火焰傳達給血液，使全身燃起慾火。因此，當飲用高貴而強力的葡萄酒時，必須要摻水，才能緩和那火焰的力道。

賓根不但知道葡萄酒有煽情作用，根據她的著作，她還知道古代在春藥及愛之魔術中經常使用的毒參茄，有「刺激淫蕩之心的作用，必須完全根絕」。

中世紀歐洲的醫學者承襲古代希臘及羅馬的醫術，仰賴前人的醫學書之處甚多。春藥更因自古以來延綿使用者眾，自然地將這方面的知識從希臘羅馬傳到了整個歐洲。另外，一些移居至歐洲的埃及人，也將東方對藥草的知識，以及種種植物種子帶入歐洲。阿拉伯醫學及煉金術更在這個時期傳播到歐洲。

在那個時代，所謂的煉金師傅不但要懂得冶金術，多半也要通一些醫術，並且不時地兼任醫師、占星師或魔術師職務，被要求調製一些愛之祕藥及回春藥。到這種時候，術士們便會拿出他們的東方祕笈。

中世紀同時也是疾病的時代。黑死病到處蔓延，所到之處無時不有人在奏哀樂，而「聖安東尼斯之火」（麥角中毒症）更在人們的頭腦中燃起一把地獄之火，使得地獄在當世的人們腦中重現。沒有人知道為什麼會得這種怪病，只好把病因推給女巫，說是女巫以施行愛之魔術為藉口，成為惡魔的化身，進入人的身體造成這種結果。女巫因而成為反基督惡魔化身。然而，女巫到底是什麼玩意兒？關於這個問題，近年來有諸多討論。有的人認為根本沒有什麼女巫，完全是反異教的審判官幻想出來的，也有人說女巫就是基督教以前的女祭司、產婆、產科護士。更有女權擴張論者認為，女巫是中世紀的異端份子，戴奧尼索斯祕教的信仰者，過著如同現代嬉皮一般的生活，存在於社會邊緣地帶。還有人說女巫是無政府主義者、娼妓、主張同性戀亂交的一種教派的信仰者、變性慾者。此外，更有許多說法，將女巫設定為魔女、異教語言者、對草藥有特殊知識的女性、毒品吸食者、有惡靈依附的女性、巫斯林修道會的修女、惡魔崇拜者、原罪的擬人化存在……

越說越迷糊，越研究越混亂，女巫的存在也越來越神祕。我們現在對於「女巫」唯一知道的事實，便是她們與當時的統治階級，也就是教會相互對立，是判逆者。對統治階級而言，女巫的存在等於芒刺在身，恨不得一除為快，因此意圖透過「神聖的異端份子審判者」，將女巫的惡靈驅除，淨化心靈，解救人類。當時審問的紀錄至今流傳。從中，我們不難看出教會對女巫形象的認定，與抱持的態度。對教會而言，女巫違背基督教義、與惡魔勾結、施行黑色魔術（尤其是愛之魔術）、在撒巴特（Sabbath，女巫宴會）中沉溺於亂交，是魔鬼一般的存在。

異端審判者加諸於女巫身上的罪狀，經常包括「調製愛之祕藥」「進行不以生殖為目的、違背自然的交合」「使用特定的塗抹或服食用藥品，在夜空中飛行，對參加撒巴特的惡魔宣誓效忠」。

有關撒巴特，審判官可謂將想像力伸展至極限，一名審判官以自己的想像力，強迫女巫「自白」如下：女巫乘坐著掃把，或耙子、烤麵包用的鏟子等工具，飛上天空，往布洛肯山

（Brocken Mt.）方向出發。她們搖身一變為動物，尤其喜歡變成貓或青蛙。布洛肯山頓時人獸雜交、群魔亂舞。女巫因「犯下不可原諒的純潔之罪」而向撒旦懺悔，並親吻撒旦的肛門。具有男女雙性、人面獸身的撒旦，陰莖碩大，但頂端卻非龜頭，而是濡濕的陰門裂口。女巫以違反自然的方法，與撒旦進行肛門性交。撒旦的精子如冰一般的冷冽。不知不覺中，所有參與者都加入亂交，忙著滿足各種各樣的性慾：

有同性相交者，也有兩男一女或兩女一男等三人同交者，更有群交者。身體所有的洞穴，不論前後上下，均為快感而全開。而每個人為滿足身體的慾望，不知羞恥地做出各種體位。當男性器官無力而萎縮時，撒旦便以他硬挺的舌頭起而代替。撒旦還可以將他的鉤爪伸長，代替陰莖。（佛拉爾，一九八一年）

為膨脹撒巴特淫亂的形象，審判者必須要借重女巫的存在。但是，為突出亂交狂宴的風景，否定快樂的審判官則必須找到犧牲者，而有浴火能力的女巫便成了最好的犧牲對象。對審判官而言，女巫本身便如同春藥一樣，是不見容於當時社會的。他們在內心編織出女巫的反社會、反道德的行為，其實撒巴特所有的悖德行為，無不發生，也僅僅發生於審判官的內心而已。女巫所有的罪惡，至多不過是讓春藥發揮功能。

如果要認真追究審判官掌握的撒巴特事實根據，恐怕最多只能找到女巫身上的特殊油膏，材料與一般有所不同而已。

絞刑台小鬼

首先，我們在半夢半醒之中，飛向那歌舞昇平之處。接著，在那人氣沸騰、如新年市場一般熱鬧的地方，我們沉溺於各種肉慾滿足之中。

——維爾・艾瑞克・波可特

「塗抹於眼上，立刻可見漂浮於空中的惡靈。這種外用油膏的確存在。」海恩里・奈斯海姆（Heinrich Cornelius Agrippa von Nettesheim）在其著作《魔法》中記述道：「我知道塗膏的製造方法，是用人的膽汁、黑貓的眼睛及其他多種物品混合製成的。」可惜的是奈斯海姆雖然宣示，這種藥可以「影響自然界與天界的各種力量，改變人的精神，強力造成變化」，但是卻沒有將膽汁與貓眼以外的「其他多種物品」名稱寫下，以流傳下來。我們僅知道這是一種有名的、女巫使用的油膏。奈斯海姆的弟子約翰・懷艾爾則記錄下油膏的成分還包括「幼兒身體脂肪、芹菜汁、狼草、顛茄，並以煤渣混合而成」。另外，他也提到了用毒麥、天仙子、毒芹、紅與黑芥子（亦即芥子及鴉片花）、莨菪、馬齒莧、各種油料混製的「塗藥」。

根據約翰・普萊托理斯一六六九年所著之《布洛肯山的故事》所述：「女巫將新生兒的肉用芥子、顛茄、香水草、毒蒜頭等各種有催眠作用的植物熬煮，作為軟膏。」女巫將軟膏塗抹於身體上後，便「在口中吟唱著『離地、向外』，據說便可以借助惡魔的力量，穿牆越窗，鑽過不論多麼小的洞穴，高飛而去。」

在審問異端份子時，審判官經常會詢問女巫有關撒巴特或軟膏的事。女巫異口同聲地表示軟膏會令人「感到一股暈眩的快感，和沸騰的慾望」。二十八歲的女巫瑪麗・拉爾德回答道：「比起彌撒，這樣得到的歡喜與滿足要大多了。」另外一名叫約漢娜・荻巴森的女巫則表示：「撒巴特的快樂無法以言語表達，簡直就是進入人間樂園。那歡愉與恍惚的時間是那麼地短暫，過去以後，我的心中充滿悲切與憧憬。」還有的女巫在自白中表示：「那種歡娛是這個世間的人無法想像的。」

在這種簡直無法以筆墨形容的快感中，必不可缺的便是女巫的軟膏，或被稱為飛行軟膏的塗藥。塗藥的成分大都為當時即已知道的春藥和製淫劑，和中東流行的「解憂藥」非常類似，其中藥性最強的，恐怕就要屬自古以來便被當春藥使用的茄屬有毒植物了。

在中世紀的德國，茄參屬的根部，有「絞刑台小人」或「海恩瑟爾小鬼」之稱。科爾奈拉稱毒參茄為「半人」，而聖堂騎士所崇拜的偶像中，更有一個是以毒茄參為名的。因此並不令人感到意外的是，在中世紀的歐洲，毒參茄成了代表愛慾、死亡、惡魔的植物。

當時絞刑台的行刑者與惡魔、女巫等的關係錯綜複雜，幾乎被視為半個異形的存在。他們經常將絞刑用的繩子、絞刑台上的破片、釘子、在絞刑台下所長出的毒茄參，偷偷地賣給他人（巴林，一九八〇年）。這類東西被視為愛之護身符，也會成為女巫軟膏材料的一部分。

毒茄參如有任何罪，其實都是冤枉的。絞刑台上犯了奸淫罪的男性，在死亡的剎那時常射精，受到精液滋養而生的植物就是毒參茄。

人的第二頸椎有一塊齒狀突出物，與第一頸椎相連。在執行絞首時，為了讓行刑瞬間把這塊齒狀突出物折斷，非常重要的一點便是將絞首繩的繩結繫在左耳下方。然而，這種做法很容易引發犯人在死亡的同時射精。性慾與死亡將絞刑台變成初夜之寢床，將死者推向最終極的高潮。

這種臨終的快樂，和造成執行死刑的犯罪事實，同樣是一種罪（因為死者不為了生殖而射精）。有罪的精子落至地面，生出了毒茄參。只有劊子手之類的社會下流人，才敢去採毒茄參。據說，要拔毒茄參的根，必須等到暗夜，而且最好支使黑狗去採。在拔起的瞬間，毒茄參的根會發出喊叫的聲音。聽到聲音的人會立刻死亡，因為毒茄參在暗夜中能吸走人的性命。根部拔出以後，用處就多了，可以雕刻成小人像，戴在人身上，成為保佑戀愛與金錢運的護身符，也可以賣給煉金師做春藥的材料，更可以將它醃在酸醋中作成愛之祕藥或一般用的萬靈丹。女巫更從中煉製軟膏，或將它變成青蛙的精靈，做自己的助手。

除了毒茄參以外，很多茄屬的有毒植物也被納入女巫軟膏的材料中，例如幾乎各種軟膏的材料中都會提到天仙子。眾所週知，天仙子所製造出的焚香，是驅策鞭打苦行者進入恍惚極樂境界的最佳助手。近世初期，春藥中時常用到的材料，如塞莨菪（Scopolia carniolica）、茄屬、龍葵，也都被用在女巫軟膏中，據說發揮了令人毛骨悚然的效果。顛茄也是軟膏中常用的材料之一。顛茄原文的第二個字，有「美女」之意，暗示這種植物可以搖身一變成為女性，誘惑世間男子。此外，番曼陀羅更經常出現於各種軟膏的處方之中。番曼陀羅是一種會開白花的植物，可能是從埃及傳進歐洲，美麗的花朵內包含著祕藥效果，為植物本身蒙上一層神祕色彩。歐洲與其他地方一樣，視番曼陀羅為春藥及止痛劑，使用適當的量可以解放一個人的精神，讓他神采奕奕、自由奔放，培養出冶蕩的情緒，但是用量過多後，便會讓人失去理性。這時候，番曼陀羅便成了「愛的強制藥」。也因為如此，十七世紀時有學者認定番曼陀羅為惡魔之藥。

軟膏製成後，下一步便是塗抹了。女巫全身赤裸，將油膏塗於身體的每個部位，太陽穴、額頭、耳朵後面、胸窩、胳肢窩、腿窩、陰部等尤其要小心塗抹。塗抹的過程本身便是一種情色儀式，女巫有時會在掃把之類形似男根的物品上，也塗上油膏，然後將它插入自己的陰部或肛門。不過，大部分的時間，女巫都將油膏往自己的身上塗抹，不過也有全裸的女巫互相塗抹的。根據當時的文獻，景象極度煽情。油膏塗抹完畢，接著便是眩目的性高潮時間：

> 在極樂高潮的瞬間，女巫的身體變得驚人地柔軟，好似一條柔韌的鞭子，一會兒無限長伸展，一會兒又緊縮成一團。（普西斯路斯基，一九七九年）

女巫身體敷滿軟膏，進入深層的睡眠狀態。但是，她們的意識卻進入另外的一個世界，另外的一個現實之中。也就是說，往赴撒旦狂宴的並非女巫的身體，而是她們的意識。是否進入宴會場，就要看春藥是否充分發揮、提高了她們的慾求了：

> 女巫完全摒棄羞恥地，兩手互鎖於身後，仰臥於地上，兩股敞開，腿向上伸，尖叫出聲的同時，將身體交給了下部。古代丘貝蕾神（Kybele）（古代小亞西亞的大地女神）

的女神官在女巫的體內復活，將充滿淫蕩、汙穢物、嘔吐的色情地獄，化為歡喜。

（普西斯路斯基，一九七九年）

至近代以後，大家逐漸轉而相信，女巫的魔法並非來自與惡魔的契約，而來自於軟膏。十九世紀時，許多男性嘗試過女巫的軟膏，結果也都達到魂體脫離和極樂的性高潮。這其中有一個人，威廉・穆吉許，在瓦普極斯之夜（從四月三十日至五月一日，女巫在布洛肯山集會之夜晚），在自己身上塗滿了女巫軟膏後不久，便發生奇蹟：

當我走出來以後，我的身體就好像死了一般，橫躺在那裡。但是我自己，或應說我的魂體，或任何其他名稱，卻漂浮在宇宙中。隨心所欲地往想去的方向移動，而每移動一下，便感覺到不可言狀的快感……

當知道自己能隨心所欲地移動後，便想去參加瓦普極斯之宴，轉瞬之間，便已抵達。眼前看到無以名狀的風光，絕世的裸體美人在空中浮遊，是妖精，還是女神，或惡魔，我已無法分辨，但唯一確知的是那絕不是人的魂體。無論如何，美得實在太過分了，非人間所有之物。巴爾幹地方的女巫似乎已失去這種化身為魂體，參與瓦普極斯之宴的魔術。我所看到歡宴中唯一的人體，是一個豐滿的、充滿官能美的黑人女性，大概是個黑人女王。她官能美的魅力四射，令人難以忘懷。除了美女以外，還有魔怪，令人感到極端恐怖的同時，又有一種怪異的美感，好像會發光的影子一般在周圍搖晃移動，姿態千變萬化，似有似無。

我躋身他們之間，與他們共舞，並設法接近其中最美的一名妖精。她的官能美是無法以言語形容的。我與她合為一體。人類的魂體與透明的精靈交合，若跟人與人的交合相較的話，後者只不過是肉體與肉體的撞合，就算有性高潮，感覺也那麼的鈍重，幾乎可用悲慘兩字來形容。和精靈交合，雖然肉體的部分是那麼短淺，但精神與魂魄的交流，卻得以完全地與對方接觸、合而為一。

一而再、再而三地經歷這種超越感覺的快感。在那靈魂的狂宴會，我循著誘惑的引力，從一個搖晃的精靈轉向下一個精靈，甜蜜相互愛撫、感覺那顫慄的快感、震動的歡喜，最後陶醉於終極的快樂之中，不知休止為何物。最後，連我的魂體都不支倒下。那感覺就好像沉沒於一堆柔軟而纖細的純白羽毛之中一般。我深深地、深深地、無限地下沉……（威廉・穆吉許，一九七八年）

禁忌之血

我信仰蛇與獅子。神祕中的神祕，它的名字是巴佛梅特。

——阿列斯特．庫羅利

正如同異端審判官將世間所有的惡害都推給女巫一般，文藝復興期間的醫師認為，一切的罪惡都從月經血開始。阿列斯特．庫羅利將「禁忌之血」（月經血）說成「比這個世界上任何毒物的害處都大」。他的理論是，如果把月經血與精液混合，便會產生恐怖的怪物。

當時，有的醫生還把月經血當作天花、梅毒、麻症、癩病的傳染源，更有人用月經血來治療這類病症。還有人說，飲下月經血這種不潔淨的血液以後，精神會瘋狂，血液會腐敗，人會陷入「戀愛病」中。（費雪．洪貝嘉，一九八四年）然而，就在這個中世紀的歐洲，大家也相信沒有比月經血效果更高的春藥。凡是觸碰到的人，便會變成同樣的不潔淨，為了追求快樂而沉溺於肉慾之中。月經血因此成為僅為快樂而做愛的象徵。

當時人相信女巫會用自己不潔淨的血作成春藥，引誘善良的男性犯罪，民間並流傳著各種以月經血為主的春藥製法，大部分都以月經血與精子混合，再加上其他成分製成。春藥中的精子也被視為不潔淨之物，因為放進藥物中的，如非因自慰而射出，便是以悖逆自然的方法取得。至於其他成分，則包括貓或蜥蜴的腦漿、尚未交配過的雌狗的子宮、青蛙頭蓋骨的左半邊、野狗的內臟。

一方面社會一般對月經血充滿敵意，另外一方面煉金師卻對月經血充滿敬意（金恩，一九七四年）。他們將月經血當作聖杯中的血液，是靈丹的絕佳材料。他們蒸餾「蛇」和「紅獅子」，做成長生不老的萬靈丹，借用聖堂騎士崇拜的雙性神明的名字，而稱之為「巴佛梅特」。巴佛梅特據說是神明賜予的最高靈藥，為使用者帶來永遠的生命、無限的頓悟與最高的性高潮。所謂「蛇」就是陰莖與精子，而「紅獅子」則是陰部及月經血，而「蒸餾」的意思便是兩者的結合：陰莖與陰部的結合，月經血與精液的結合。

巴佛梅特代表的是以快樂為目的的性交，與它所帶來的快樂。就在快樂到達頂點、性高潮顯現的剎那，男性元素與女性元素融為一體，人類回到原始的合一狀態。因此，巴佛梅特是人類存在的最初狀態，也是男女分離前的原初狀態，只有經過交合，人才能再度獲得這種合一的狀態。這種合一超越了框架，亦為生，亦為死；是原初，也是終末；是愛，更是快樂。雙性的巴佛梅特生出了男與女。因此男與女合成為一體之際，理論上便為再生的人類帶來長生不死。至少，煉金師們是這麼相信的。

愛之祕藥

飲下這個，任何女人看起來都和海倫一樣美麗！

——約翰・歌德

從中世紀到近世之初，春藥並非女巫和煉金術師的專利。醫師、藥房也會為無法生育的夫婦開出春藥，幫助他們懷孕。其中要提高性冷感的妻子的性慾或恢復丈夫的勃起能力時，醫師和藥師的處方大都不外乎非爾多姆，也就是愛之祕藥。非爾多姆可以「讓血液從胃流到腦子，刺激人的想像力，幫他燃起熱情的火焰，把心完全交給另外一個人，而將世界上所有其他的人、事全都忘記。」（基佛特，一九六四年）。也因此，非爾多姆成為維持夫婦之間繫絆的最佳物品。夫妻如果能為對方燃起熱情，就沒有理由去找外遇了。

非爾多姆的成分，和古代的春藥、煉金師的靈藥、女巫的春藥非常類似。吉羅拉默・佛連哥在一五一九年出版的著作中寫道：「非爾多姆是用墳墓上黑色的灰塵、蟾蜍的腺毒、被吊死的路邊野強盜的肉、驢肺、剛出生嬰兒的血、母牛的膽汁、從墳墓中挖出來的人肉作成。」

從中世紀初期以來，極受到重視的一種非爾多姆，便是「蟻精」。這是山紅螞蟻、酒精和水製作而成。其他也可以放進非爾多姆中的材料包括死人的衣服、狼的毛、驢的腦子或陰莖、絞首用的繩子、被絞首男子的脂肪、陰毛、鯨魚蠟、月桂樹的種子、鈴蘭草、蟾蜍卵、沒有接受洗禮便死亡的嬰兒皮膚等等。

十六世紀，歐洲各地的藥房都可以買到非爾多姆。當時的非爾多姆多半是用毒茄參、西班牙金蒼蠅、馬鞭草合成，其中馬鞭草只用在男性用的祕藥中。根據當時對草藥的理解，馬鞭草能使陰莖如鐵一般堅硬（馬鞭草的德語，艾增克拉瓦，有鐵之藥草的意思）。藥局中，除了非爾多姆以外，還賣一種名為迪亞撒秋麗康的回春劑。據說這種藥有兩種製法，一種是以狼的精液與睪丸、香油、可可椰、胡麻油、亞麻油，另外一種是以狼的睪丸、肉桂、生薑、胡椒、植物油、牛油、小鳥舌混製而成。

十七世紀時，出現了一種米拉・琴基的萬能藥，是以真正的埃及木乃伊（米拉）為原料調製而成，在巴黎等地的藥房中，索價驚人之高。據說雖然這種藥水味道沖鼻，但是對很多疾病都很有療效，也可以當作春藥。或許這是因為按照古代的說法，木乃伊有使不滅靈魂枯萎的生殖力再度復甦的力量。另外，當時的醫師及藥師還用動物作成各種藥劑，據說種豬的睪丸是最佳的回春藥與春藥材料。

種豬的睪丸有回春之效。乾燥後研磨成粉，混入雞湯服用。可使生殖能力復甦，並喚醒愛與歡愉。（布雷斯，一七四〇年；克德拉斯，一九三四年）

上述的藥劑材料，有許多從形體上便令人聯想到性器官。「山羊舌草的根，其形狀與男性的性器官神似。」古代的歌謠中便有這麼一句。似乎當時有同類相補的概念，以為使用形似生殖器的物體，尤其哺乳類的生殖器，可達到進補的效果。

一六八四年，英國出版的《所羅門靈藥》，羅列了下列的動物性藥劑：

種豬	膽結石或（乾燥、研磨成粉末之）陰莖可治療勃起困難或無能。
狗	睪丸及分泌物有提高快感之效果。
鹿	將肉乾燥後加入葡萄酒中，有催淫效果。
馬	催淫效果，對排洩出產後物上也極有效果。
豹	睪丸有誘發月經的作用。
獾	與蜂蜜同食，可增加快感及受胎能力。
鷲	睪丸有催淫效果。

雄雞　睪丸有提高快感的效果。

睪白鱘　魚卵有增加精液，提高快感的作用。

人類不但使用動物的各種器官，連排泄物也不放棄，而發展出一種專門以動物和人類的大小便為材料的醫學，稱之為「糞藥學」。克里斯丁．法蘭茲．包利尼在一七三四年出版的《新糞藥學》，對「精力消失」指定了如下的治療方法：

用老鼠糞便治療極為有效。用一磅辣椒、老鼠糞及胡椒各半磅、西班牙金蒼蠅（去翅膀）五隻、特拉加康特橡膠（一種小亞細亞產豆科矮木杉樹所滲出的橡膠質），加入迷迭香提煉後，作成丸藥。

此外，包利尼也在書中提到，鴿的糞便也有這方面的療效。《新糞藥學》雖然出版於十八世紀，但書中提及性無能時，仍將病因推給女巫，說只有女巫下咒才會造成男性性無能。包利尼並說，要解除女巫的咒語，就必須使用糞便：

在新鍋中放入番曼陀羅的葉子以及患者的尿液，混合後塞進兔子的肚子內，用小火燜煮。將煮成品掩埋至人煙不經之地。完成上述手續後，女巫會感到劇痛，開始吐血。即使不吐血，只需有尖銳的痛苦，便可解開患者身上的咒語，讓患者恢復健康。

從上面的敘述可以看出，直至十八世紀，世人仍然相信「以毒攻毒」：正確地使用女巫的藥草，便可擊退女巫。因此，為解除女巫的咒語，就需要使用女巫所使用的番曼陀羅了。

從民間療法走向現代醫學

基督教世界崩潰，舊世界的廢墟上逐漸出現一個新的社會，而女巫身上流出的鮮血，正象徵著這個以公民為主的新社會的一線曙光。

——克里斯多夫．杜克《路特的天才行動》

進入近代以後，科學醫術逐漸發達，舊有的神學、咒術式的人體觀念，逐漸被理性、科學的概念所取代。以為有了愛之祕藥後便可與相思對象相戀相親的時代，化成歷史。

在古代被視為珍貴藥草，在中世時被當作春藥使用的天仙子，到了近代卻成了惡魔的毒草，一直到今天仍然如此。一九七七年出版的《藥草手冊》中提到：「從天仙子的毒杯中，升起恍惚、興奮、官能、情慾。對人生絕望的人、意志薄弱的人，都能用天仙子逃避現實，追求瞬間快樂。天仙子已有數百年被人濫用的歷史。」（蓋普勒，一九七七年）。花朵美麗的番曼陀羅，和天仙子的命運相仿。雖然番曼陀羅可用在解除女巫魔咒之上，卻無法洗刷專為女巫做壞事的汙名。當時人認定番曼陀羅為烈毒性植物，絕不在庭園中種植。曾有一本園藝的書，還強調它的危險性如下：「番曼陀羅花色白，形如漏斗，極為美麗，但因含有生物鹼，有毒性，不宜栽培。」（雅考比，一九六六年）。一直到七〇年代，番曼陀羅的葉子都被用來緩和氣喘症狀，但是在那以後被發現有「副作用」，也就是知道許多氣喘患者使用後便開始有性幻想後，便被禁止使用了。

其他有春藥作用的藥品，也受到同樣的待遇。含有放大瞳孔功用的阿托品成分的顛茄，點入眼睛以後，眼前便開始出現誘人的景象，因此得到了「瘋茄」（英文為deadly nightshade）的諢名。而西班牙果蠅也開始受到排擠，直至今日變成完全不得上市的禁藥。不過，在中歐的鄉下，許多中世紀的民間療法仍然延續下來。

在中世紀被認定為女巫的草藥，而被貶詆的聖誕玫瑰（Hellebarus foetidus，鐵筷子屬），到了近代以後，反而令人意外地被稱為「基督之草」「基督之根」，在阿爾卑斯高原地方，甚至有人稱之為基督陰莖，用做提高精力的藥草。

有許多植物自古以來就被視為有春藥的效果，不過並非每一種都真的有春藥效果，因此便有了「其實春藥並不存在，只是古代及中世紀的迷信而已」的說法。

法國有名的自然療法專家摩理斯·梅賽格，將藥草說成「神明賜給的藥箱」。他的很多處方，都與歐洲古代的民間療法非常近似。有非常多人相信他的療法。梅賽格的父親也是一名主張自然療法的專家，他將塔花屬（Satureja hortensis）植物稱之為「幸福的植物」，因為它有春藥的效果，另外還有大蒜頭、天仙子、白菜、草櫻、薰衣草、薄荷、迷迭香等有壯陽作用的植物。

根據梅賽格的說法，這些植物不僅能主觀地為服用者帶來快感，而且就生理上有維持精力，甚至治療缺陷的積極效果。但是這種家家廚房都會有的調味香料，竟然會有古傳春藥，如顛茄、大麻等的療效，實在令人難以置信。

除了自然療法以外，還有一個流派專門主張使用有麻藥成分的植物來刺激性慾，稱之為順勢療法（Homeopathy），將會讓健康人有生病感覺的麻藥或其他藥品，以其十分之一到一％的微量，施與患者身上，以為治療。

創始這個流派的山謬．哈恩曼，根據的是阿倫德．休茲的法則：「微弱的刺激可活化生命活動，中度刺激則促進生命活動，強烈刺激人的阻礙生命活動，過強刺激則使生命活動停止。」在這個理論下，哈恩曼運用少量的麻醉藥品來刺激人的身體、使其恢復活潑，因而驅走病態。他的方法是將有麻醉效果的元素從植物、礦物、動物中萃取出來，稀釋至幾乎無法察覺其存在的濃度，但是即使如此大量稀釋，仍然會有少量的殘存成分，而哈恩曼格便仰仗這極少量的「精靈」發揮的效果。

順勢療法主張將能誘發幻覺及春藥作用的物質，極度稀釋後，當作藥品使用。但上述藥品的療效，卻與稀釋前完全相反，也就是說，順勢療法者主張將這些稀釋的藥品，用於治療性慾異常亢奮、慕男狂、持續勃起、幻覺症等方面。

目前，醫師間爭議最大的話題之一，便是從許多植物中均可萃取出的生物鹼和育亨賓寧鹼所製成的強精劑。德國製藥公司的藥種表列中，將育亨賓寧鹼列於可刺激生殖器官的強精劑下，但卻未提及其春藥作用。

育亨賓寧鹼有擴張血管、下降血壓的功能，因此可引發骨盤內充血。但此現象與春藥效果又有分別。至目前為止，該藥品尚未證明有刺激在脊髓中樞，使人亢奮的作用。不過，經動物試驗結果證明，服用育亨賓寧鹼後之動物，性交次數及陰莖內之血液流量都有增加。（維雅斯，一九八二年）

一般市面上販售的是育亨賓寧鹼鹽的藥錠，需醫生處方始得購買，最常用來治療高血壓、性慾減退（性方面的神經衰弱）、尿失禁、更年期障礙等症狀，不過會造成雙手顫抖。在性無能的治療上，醫師的處方多為每次一至二錠（每錠五ＭＧ），每日服用一至三回（也就是說每次用量五至十ＭＧ，一日最大攝取量為三十ＭＧ），可連續服用三、四星期。如放大攝取量（至二十五到五十ＭＧ），並配合五百到一千ＭＧ的維他命Ｃ的話，不但勃起情形明顯，而且意識也開始有顯著的變化。有毒物學的研究論文，曾針對此一現象討論如下：

某化學學者服用規定量之一千倍（一．八Ｇ）。數小時後，該學者意識開始模糊（此時強度持續勃起），不過二十四小時內症狀便消失，該學者出院。（羅特等人，一九八四年）

德國多年前便深知育亨賓寧鹼作為春藥的效果。在英國，知道育亨賓寧鹼的人並不多。而美國曾有一名學者朱利安．戴維森，似乎對德國的藥典毫無所悉，在史丹福大學用動物做藥物的試驗後，居然還當作大發現似地，建議未來可將育亨賓寧鹼當作強精劑使用。美國從一九八五年以後，便禁止育亨賓樹皮的進口，關於大量服用育亨賓寧鹼以後所產生的意識擴張等作用，至目前為止，也只限於私人的試驗報告。

第四章

非洲的幻想

小人族的手指

在一夫多妻的非洲社會，至今仍存在著無數多采多姿愛的咒語與巫術。非洲女性並不因為社會採行一夫多妻制，便受到壓抑。例如在坦桑尼亞，家庭的主導權仍掌握在女性手中。即使在一些受男性掌控的社會中，女性仍然有一些制衡男性的手段。例如，桑比亞的恩可亞部落，女性的存在只為忍受男性的暴力，幾乎沒有任何權力，但是她們手上握有一項有力的武器：醫術。男性陰莖勃起無力時，經常得要求妻子為他塗抹上一種稱之為「西波」的軟膏，同時還必須經常留意妻子是否在他們身上用了「萬卡」；一旦遭「萬卡」附身以後，便只有對妻子言聽計從了。

作妻子的時常祕密或公開地讓丈夫服食下由各種材料調和成的藥劑，有的可使丈夫言聽計從，有的甚至可以改變丈夫的思考，斷絕他的婚外情。

藥劑的材料包括從各種動植物取材來的粉末，有的混在食物中讓丈夫吃下，有的則通過按摩，讓丈夫的肌膚吸收。也有時候，妻子會設法將藥物暗藏於食物中，送至情敵家中。這些藥物在心理上往往會造成很大的效果。丈夫被妻子塗抹過「西波」軟膏後，性機能獲得改善，夫妻生活將轉為圓滿。但被下咒的男性則會對性事失去信心。

非洲的愛之魔咒，大都從「吃心補心、吃肺補肺」的想法衍生出來，是一種「模仿式咒語術」。例如，恩可亞族女性喜用理圖他喜（糞金龜的一種）當藥，以抓住丈夫的心。「糞金龜重視自己的糞便，不隨便捨棄。就如同愛戀妻子的忠誠丈夫一般，糞金龜守著自己的糞塊。」（喜洛，一九七六年）紅辣椒可以同時使血與心沸騰，另外還混合以象徵著赦免與忘卻的溫布拉瑪樹（Limania americana）的碎片，以及一種稱為 Cryptosepalum pseudotaxus 豆屬植物的花朵發出奇香，能招蜂引蝶。將這種花朵的汁液塗抹於皮膚上的女性，特別受到男性注目。寄居於連牙齒也咬不動的慕班加樹中的白蟻，會使陰莖硬挺，啄木鳥所啄下的木屑，會讓男性如牠的頸部一般快速而強勁的扭動。恩可亞的妻子在無法忍受丈夫的嫉妒或酒癮而希望離異時，會將蝴蝶翅膀（恩可亞人認為蝴蝶飄忽的飛行方式，是因為頭腦有問題所致），加上狂犬心臟及墳墓上樹木的根部，作成藥粉，讓丈夫服下，並祈禱丈夫會瘋狂。丈夫果真發狂時，便有正當理由離婚了。

上述的愛之咒術其實反映了社會的構造。在男性享受自由、女性被迫服從的恩可亞社會中，藥物及其代表的魔法，成為保護女性權利的法寶。

不僅藥物，有時一句話、一個眼神也能發揮不可思議的力量。賴比瑞亞的一個祕密社團，專門對付不願接受愛意的婦女，對她們施以最可怕的咒語（哈雷，一九四一年）。卡美隆的魏伊族男性認為，為預防他人對自己斜視，以造成性無能，因此使用豹的牙齒為護身符（阿姆臨，一九〇七年）。色姆．哈姆各族的男性則認為自慰時在龜頭塗抹上燈台草的汁液，可以感覺到濕潤陰道的觸感。

在春藥方面，最經常被使用的材料是雄雞和公羊的生殖器。另外，也有人用到山椒、魚類、驢子的生殖器和大象的精液。這些材料能夠增加精液的數量、提高懷孕能力、治療陽萎，打造出一副受異性追求的身體，而製造誘發情慾、讓愛人回頭的效果更不在話下。

材料固然重要，使用方法也很重要。例如，刺桐屬植物（Erythrina senegalensis）的根部可一分為三，以三種方法使用：煮熟後食用、煎煮成汁後混入洗澡水中使用、將煎煮成的汁當藥飲用。另外還有一種方法，即是由女性將向東西南北伸展的根部挖掘起來後，交給男孩及女孩研磨成粉末，燃燒粉末，讓煙熏至陰莖上。從這個方式上，我們可以觀察到色姆．哈姆族文化最底層的生命觀：「男與女，必須在大氣、水份、大地的果實、火的幫助下生存。神明、先靈與人之間因大氣而連結為一體，自然的生命力與人則因大地而結合為一體。」

色姆．哈姆族中，不僅男性使用強精劑，女性也用強精劑及增加受胎能力之類的藥物，而這類藥品大都由植物的根部製成，因為他們相信植物的生命力多蘊藏於根部。

而在非洲最著名、據聞效果也最佳的春藥，即為剛果北部及加彭附近極為盛產的馬山茶（Tabernanthe iboga）灌木。這種植物的根皮中，含有對神經中樞有強烈刺激作用的伊波加因（Ibogaine）生物鹼，有擴張肌肉張力，增加性持續力的效果，因此加彭各個部落都有將馬山茶根皮製成春藥或刺激劑的習俗。二十世紀初，法國人將馬山茶根皮作成萃取液後，當成萬能藥出售。德國的非洲移民向來知道伊波加因是非洲勞動者力量的泉源，但對其在麻醉上的功能從未深究。美國及瑞士則將伊波加因當成一種治療精神病的藥劑使用。

在非洲，僅限於特定的儀式中使用馬山茶，因為當地人認為，這種會令人產生敬畏之念的幻象植物，不得輕易使用。

加彭的神話中，創造神撒美．伊．美貝各，利用一個叫比多民的人的手指、腳趾，創造了這種植物。比多民的妻子阿肯格在叢林中找到被神明殺死的丈夫的屍體。就在這時候，耳邊響起了一陣不可思議的聲音：「把這裡生長的馬山茶和多納茄菇吃了！」阿肯格照著話做後，便看到丈夫在她面前出現。她於是和丈夫的靈魂交媾。

被准許使用馬山茶的儀式，通常是男女都有同等權利參加的布維提儀式，也就是崇拜月神之妹、代表豐饒與多產的寧彎，美貝各女神。參加者吃食馬山茶與多納茄菇（一種與陰莖形體類似的菇類），以象徵男性原理與女性原理的合而為一。當布維提的意識達到高潮時，所有參加者都以心交心，在馬山茶的力量下，個人與團體、生與死神祕交融。參加儀式本身亦有治療性無能之意。

居住在剛果盆地的部落中，也將馬山茶及育亨賓混製成春藥（可希爾，一九二七年）。育亨賓樹在西非一帶以強力強精劑而馳名，當地人常以樹皮的萃取液與酒精、奶酪、香蕉共同飲用。而可樂果更與育亨賓齊名，在非洲廣泛地區，被當作春藥使用。

在非洲有艷福的人，只要有錢，買一大把可樂果，吃上一天，就可以為晚上做好準備。可樂果的價值已被世界肯定，成為高價的貨品，許多歐美貿易公司都爭相前來非洲購買，並介紹到美洲新世界。新鮮的可樂果含有咖啡因、特歐布羅敏等許多珍貴的成分，因此非洲人在包裝、運送時很花心神。就算如此，還是免不了會傷到果實，這時候當地人便會認為果子中了邪。不過，如果可樂果的藥效因此喪失的話，根據當地習俗，破壞了可樂果者，等於替可樂果的所有人頂了罪，使他免於受愛之罪。（羅希亞，一九二七年）

巫術

俺的箭用慾望作成
從遙遠的木星的硫磺礦山
越過麥旦海而來
俺養了一隻蜂鳥、唧唧喳喳個不停
如果是你大概早就氣死
沒錯，俺就是巫術的塵垢

——吉米・漢德厲克斯

大麻以穆班吉、瑪托庫瓦尼、班各等各種名稱，成為非洲各地十分流行的麻藥或春藥。研究非洲的專家威斯瑪曾發表報告，認為過去中非洲曾經出現過一個哈希許王國（神可，一九五四年），國王卡蘭巴・穆肯各居然將大麻視為萬能藥，在國內「強制性推廣」，並視其為和平神聖的象徵，要求民眾使用。不過，將大麻帶至西印度群島的卻不是非洲人。在奴隸制度廢止以後，大批印度人受雇於西印度群島做苦力，他們從牙買加引進大麻，作為治病的藥物，但也作為春藥，在農業勞動者中傳了開來。在祕密的集會中，男子相互傳吸大麻，但只有在第一次吸食時便看到「小老太婆」的人，才被視為真正的男人，而被允許加入祕密集會中。當然所謂小老太婆並不是真的老太婆，而是以愛嬌姿態召喚參加者的美女。

透過奴隸的管道，非洲的愛之魔術及有關藥草的知識，也被遠播至西印度群島。

例如，海地的女巫師會施行兩種魔術。一種名為提卡的灌木根上，插上兩根針，一根尖端（象徵陰莖）向上，另外一根則針穴端（象徵陰部）向上，相互碰觸得到，經過儀式，巫師將兩根針捆綁在一起。另外一種魔術由巫師一面高唱「森林樹木與女人均為神明所創造。森林的鳥呀，飛向女人的胸懷吧。在三人的瑪麗亞與阿伊達的盛名下命令你們。多羅利．多羅利、巴灑。」一面將曬乾、磨成粉的蜂鳥肉，混以請求人的血液、精液、森林中採集來的花粉，倒入公羊的陰囊中。據說，將這東西丟到愛戀中的女性臉上，該女性立即會靈魂開竅，奔進丟擲者的懷抱中（希布魯克，一九八二年）。

如果這種魔術都無效，海地的男性便求助於巫教中愛的女神艾爾斯利。他們具體的做法是把代表艾爾斯利的植物巴吉利可，當作春藥使用，或者到艾爾斯利前膜拜、乞求。這時候，祈願者會將各種植物綁在代表神明的巴吉利可樹枝上，希望聖樹的生命力能轉移到這些植物上。海地的祈禱師，至少會將下列的藥草綁至聖樹上，發揮巫術中愛的魔術，以治療戀愛及下半身相關的疾病：

沒藥

升麻屬植物（Cimicifuga racemosa）

加拿大血根草（Sanguinaria canadensis）

特納屬的植物（Turnera diffusa）

薰衣草屬植物（Lavandula officinalis）

穗花桑寄生屬植物（Phoradendron flavescens）

迷迭香

芸香（Ruta graveaolens）

孜然芹（Cuminum cyminum）

三色堇（Viola tricolor）

假人參（Panax pseudoginseng）

茄參屬植物

毛蕊花類植物（Verbascum spp.）

鳶尾（Iris tectorum Maxim）

花葉蔓長春花（Vinca minor）

薔薇類植物（Rosa spp.）

岩蘭草（Vertiveria zizanioides）

蓍（Achillea millefolium）

加勒比海中的安提爾群島人，對春藥的療效有如是的認識：宇宙是由「熱」和「冷」兩種物質所構成（這裡所謂的熱性或冷性，基本上和可測定的溫度無關）。不論疾病、植物、人，都有冷熱之分。但不論是宇宙或人，都需要在冷與熱之間取得平衡，才能保持健康。有的活動或食物可以讓身體「變冷」，造成性無能、性慾減退。一旦身體變冷後，便應該投以「熱」性食物、調味料（胡椒、生薑、鳳梨、辣椒），以求取平衡，另外還有一些特殊的「熱性」春藥也可以治療性「冷」症。

一般人都認為加勒比海區是性事開放的天堂樂園。的確，該地處於熱帶，氣候炎熱，加上人民個性樂觀、熱情，更加深了歐美人百年來對該地「開放」的認知。而這種認知本身便形成一種「心理性春藥」。在安提爾群島上，最「熱」，就是被認定最有效的春藥，是一種與燈台草同類的Richeria grandis，在當地有淫木之稱。在瓜多路普市場中，便可看到這種除了做春藥以外一無用處的樹皮，公然與青菜、水果並陳於攤子上販賣。這些當地人稱之為「波爾邦地」的樹皮，所含物質有擴張血管的功能，因此也有治療大動脈閉鎖不全的效果。當地人一般將這類樹皮研磨成粉末，加上水或藍姆酒熬煮好幾個小時。如果人一天飲用一次，據說便可增加持續力，長者連年飲用後，均可連續勃起。這種春藥最為沒力氣做愛的年長男性看重，因此當地俗話對「上頂已禿，但仍對外發展戀情」的男性稱之為「波爾邦地」。

巫術是有名的黑色巫教，與其相關的春藥不少。下面便介紹一些過去被認為有「魔力」的部分春藥。這些在魔術中使用的春藥，多半會使用到馬肉、龜類生殖器、蚯蚓、雀蜂等昆蟲的幼蟲當作材料。

・花葉蔓長春花兩枝、蚯蚓二隻、馬肉切碎，加上鹽與胡椒，充分攪拌。一日三次，每次服用兩大湯匙。

‧公龜生殖器烤過、研磨成粉，加上兩撮紅茶，每日服用三次。

‧鳳梨剝皮後，以一公升白酒浸泡八小時。加入蜂蜜。每天喝一大杯。

‧鱷梨種子磨碎，用白酒一公升浸泡八小時。每天下午四時左右及就寢以前，用喝酒的小杯喝一杯。另外，將同樣的碎種子浸泡於無糖的白酒中八小時。每日飲用三次亦可。鱷梨一併食用者佳。

‧青綠色芭蕉放在炭火上燒烤後，沾蜂蜜食用。

‧將大拇指般大小的波爾邦地樹皮三塊，浸泡於藍姆精中八天，加入蜂蜜。搖晃容器，使充分混合。每天早晚各用酒杯喝一杯（必須嚴守用量）。另外，也可將五公克的樹皮浸泡於一杯水或藍姆酒中十二小時，或將一小塊樹皮與一公升的水放在火上煮成一杯水的份量，在當日內飲用。

‧將三至六株香茅（Cymbopogon nardus，熱帶亞洲原產、稻科）的根（每根大約三公分），加上兩個切碎的萊姆、天仙子一大湯匙、少許肉桂、純度九〇%的烈酒一百二十五公克，全放進密閉的玻璃容器中，置放八小時，將雜渣濾去。五日後，加入汁液的三分之一量的蜂蜜，充分混合後，每日三次、每次喝一酒杯的份量。

- 爵休（Insticia pectoralis）藥草浸泡於葡萄酒中，加入蜂蜜，就寢前喝一杯。
- 蒜頭五公克、洋蔥五公克、薄荷一小撮、大拇指般大小之波爾邦地樹皮，以一公升水烹煮。每天喝三小杯，喝八天後，改為每天白天喝一杯。
- 傘房花耳草（Oldenlandia corymbosa）切碎後，在太陽下曬三小時，浸泡於白酒中八日（容器必須置放於室外）。每天早晚各喝一酒杯。
- 酸橙（Citrus aurantium），將果汁榨出後，加入一杯半的蜂蜜與一杯白酒，置放一個月後，每天喝一酒杯。
- 苦瓜（Momordia charantia）將根與葉熬煮，就寢前喝一杯。
- 胡椒十公克搗碎，浸泡於無糖味的白酒中，冷藏後，進餐時一併食用。
- 蕃茄榨成果汁後，加上番曼陀羅。下午四時及就寢前飲用一小杯。
- 香果蘭（Vanilla planifolia）將乾燥的果莢研磨成粉末，加入四倍量的砂糖。或者將果莢浸泡於撒摩斯酒中，另外加上兩公克的香草糖。每天飲用二、三次，每次一小杯。

第五章

新世界的春藥

從詹姆斯鎮到卡斯卡拉

太陽，請你早日西下
早日讓大地回歸黑暗，並保持黑暗
戀人身上有，而我卻沒有的
想要早日吻它
想要早日溫柔的撫摸它
想要早日在我裡面
迎接它的到來

——沙斯塔族婚禮之歌

一六七六年，英國軍隊出兵維吉尼亞州的詹姆斯鎮，壓制印地安人。從那時起，英國人便領教了新世界植物的力量。某日，英軍按照印地安人教授的方法，採摘一種呈漏斗狀的小白花，與一種會結辛辣果實的灌木葉做成沙拉吃。羅勃·比佛利的《維吉尼亞的歷史與現狀》，生動描述吃下沙拉的士兵：

吃下大量沙拉的士兵，很快地進入一種奇妙的狀態。連續好幾天，好像智商低能一般，有的不斷就著口吹羽毛，看著羽毛在空中亂舞，有的對著羽毛亂丟麥梗。有的全身一絲不掛，牙齒外露，做出猙獰的樣子，有的則躲在角落沉思，並做出割草的動作。更有的一面微笑，一面親吻同袍，撫摸、磨蹭他們的身體。總而言之，那些士兵把所有愚蠢的動作與行為都做光了。我們害怕如果不把他們關起來，其他袍澤的安全會受到威脅。然而，他們的行動都那麼地柔和、不具威脅性。經過十一天以後，士兵終於恢復正常，沒有人對那段荒唐的時光有任何記憶。

造成這一場意外之災的，其實是一種非常不起眼的草木植物，與番曼陀羅同類，在美洲大陸便被取名為「詹姆斯鎮草」，後來也有人稱其為詹姆森草。今日有番曼陀羅和毛曼陀羅被人稱為詹姆斯鎮草。

北美印地安人將番曼陀羅視為神聖植物。對印地安人而言，他們在宗教儀式中使用的神聖植物，奪取了英國士兵的正義之氣，而那正是他們要追求的。

在歐洲人「發現」美洲新世界以前，北美這一塊廣大的土地上，便已發展出對應當地自然風土的多樣性印地安文化。當時，印地安人選擇乾燥地區建立小型集落，有的幾乎完全依賴採集食物為生，有的則在草原地帶經營游牧的生活。在大森林地帶的印地安部落，有的發展出複雜的組織與階級制度，有的則實驗起民主制度。另外還有部分部落因種植玉米或發展出捕魚技術，而開始在固定的土地上落地生根，施行首長制社會。不過，不論生活型態為何，所有印地安部落都崇尚動物崇拜與巫教，並且非常喜好進入幻覺。

印地安人認為動物、植物㨿人類價值等同，在世界上好似兄弟一般，合起來成為一個大的圓輪。如果圓輪有了破損，生命便不得延續。也因為如此，印地安人將動物視為有緣者，將植物視為獻神的供品。正如動物與植物必須成為人類的食物，以延續人類生命一般，人類也必須為動植物奉上犧牲。殺生只有一個目的，那便是生存。然而為了生存而殺死動物、收割植物以後，印地安人必定要舉行謝罪儀式，以告慰同為生物圓輪中的生靈。

在草原地帶的印地安人大都以狩獵水牛維生。這些印地安人視狼為神聖動物，加以崇拜。他們時常披著狼皮以接近水牛群，捕殺水牛，並於事後乞求野狼靈魂原諒。他們像狼群將捕獲的獵物一絲不留地吃光一般，也盡量利用水牛全身每一個部分。水牛皮毛可以作取暖的墊、披肩或帳篷布，在捕獵後無法立刻食用完畢的水牛肉及內臟，則可加工保存，水牛筋可做成弓弦或運用於其他武器之上，而水牛角及骨頭則做為巫術的道具、裝飾品或菸斗等物品。至於水牛的睪丸，印地安人多將其乾燥後，碾碎、研磨成粉，據說服用後便可有如水牛一般的精力，是年長男性愛用的藥品。

在使用強精劑與春藥上，居住在草原地帶的印地安人與前者有所區別。強精劑大多只有已婚而年長的男性使用，所使用的材料包括香蒲、沉香屬植物（Acuilegia canadensis）、特納屬植物、美國白蠟樹（Fraxinus americana）、長春花（Catharanthus lanceus）、延齡草（Trillium erectum）、白柳（Salix nigra）、水刺芹（Eryngium aquaticum）、佩蘭尾植物（Eupatorium purpureum）、加拿大血根草、檫木類（Sassafrass spp.）的樹皮、塞潤櫚（Serenoa serrulata）的果實等等。另一方面，春藥則流傳於未婚男女之間。蘇族的祈禱師塔卡・烏修特解釋道：

> 過去要娶美嬌娘為妻，是何等的難事！如果不是萬分機敏的男子，是很難將自己心目中的對象娶回家的。為什麼？因為未婚女子不輕易讓年輕男人看到她的臉蛋，以至於男孩對女孩的長相一無所知。當男子與女孩搭訕時，女孩不但相應不理，而且在男孩接近她們時立刻逃走。直至婚後，這種內向的氣質還不會完全褪去。（雷姆・戴爾、艾爾多斯，一九七九年）

蘇族人相信麋鹿有強力的春藥效果，並認定麋鹿的精力隱藏於其鹿角中，因此，他們將鹿角作成各種藥劑。不過蘇族相信要讓麋鹿角發揮藥效，必須請求司藥者將鹿角作成笛子：

這種笛子形似婉鳴之小鳥姿態，能發揮驚人藥效。女孩聽到笛聲後，立刻會從帳篷飛奔出來尋找音源，就算有心回頭，但身體也難以違背魔力。（前述書）

印地安人有好幾個部落均有類似的傳統，以音樂施行愛之魔術。例如納極布威族，便以鼓樂與歌聲施展愛的魔術。心有戀愛牽掛的年輕人，只要躲在草木茂盛的樹林中擊鼓，便能夠將心意傳達給相思的女性。有的時候，年輕人還配合著鼓聲歌唱：

請聽我擊的鼓聲。不論你在世界的哪個角落，都請聽我的鼓聲。

另外，印地安人也會暗中讓愛戀對象服下春藥。在單相思對象的食物中偷偷下的春藥包括：將半邊蓮屬植物（Lobelia siphilitica）的根研磨成粉末、鴨跖草類（Commelina sp.）植物的汁液、西洋參（Panax quinquefolium）與雲母、蛇肉、洋牡丹等混合而成的藥劑。

更有許多春藥是以菸草形式呈現於印地安文化。印地安人有宗教儀式、醫療、日常等不同用途的專用菸草。平日巫師負責調製的是和平菸草（印地安人為宣示和平，而與眾人共享的香菸）與藥用的菸草。而印地安概念的「菸草」（亦即土語的基尼基尼克），與現代人心目中的「香菸」非常類似。基尼基尼克基本上是將乾燥的黃花菸草（Nicotiana rustica）葉與白樺樹皮、梾木屬的植物（Swida macrophylla）混製而成。

北美印地安人中，有非常多種族散居在東部森林地帶、內陸草原地帶或美洲西南部，他們都有在菸草內加入詹姆森草作為春藥之用的習慣。菸草的味道濃重，會蓋過詹姆森草的味道，服食時，使用者幾乎感覺不到，因此印地安人尤喜歡在使用對手毫無防備、毫不知曉的情況下使用這種春藥。佩布羅印地安人便認定，詹姆森草是從太古的樂園卡斯卡拉散播至全世界的神聖植物。哈比族則認為詹姆森草為美麗女神「提蒙・瑪娜」（有詹姆森草處女之意）的化身，曾在情慾驅使下，到處追逐世間的男性直至精疲力盡。

居住於北美西南部的納瓦哈族印地安人，也對詹姆森草充滿敬畏之念，並為它起了各種各樣的名字，如「美麗的路邊草」「太陽的偉大的花朵」「製造傻瓜的草」。部落中的藥師將詹姆森草種子吞下，或將乾燥的葉子當作藥草吸食後，便會看到幻象，並因此做預言，為人治病。獵人則將詹姆森草的花粉混入香煙中吸食。野鹿聞到煙味後，便立刻安靜下來，簡直就像止不住地對異性仰慕一般，主動走近獵人身邊（艾爾摩亞，一九四四年）。

詹姆森草對世間女子也能產生類似的功用。男性向女性求愛卻碰了釘子，便會用詹姆森草試圖報復。據說在女性的唾液或鞋子碰過的泥土上一面念咒語，一面對詹姆森草莖部往女性身上貼，女性便會感受到無法抑制的情慾，將全身的衣服脫去，全新接納化為幻想的男性愛人（希爾，一九三八年）。為讓詹姆森草充分達到春藥效果，印地安人相信在收割時必須遵循某些特定儀式。收割前首先需要在詹姆森草前祈禱，請求其大力幫助，並說明使用目的。接著便奉上青綠色寶石、獻灑花粉，作為對詹姆森草的報酬與補償。待儀式全部結束以後，才進入收割的階段。不過，印地安人絕不連根拔起詹姆森草，而且為保護植物本體，不使其枯萎，所以即使收割，也只能採收部分的葉、花果實及根部。

印地安人相信，如果植物本體枯萎，那麼採收來的花葉也會失去效力，因為賦予詹姆森草春藥效果的，是植物本身的生命力。像這樣收割而來的材料，印地安人用各種方法，設法讓愛戀的對象服食下去；或將種子及根部的碎屑混入對方日常的飲食中；或將葉片、花朵與菸草混合吸食；或用牙齒嚼碎新鮮的莖部，移至他人的嘴邊，設法令其服下汁液。據說，神聖的詹姆森草鎮的效果非常特別。

魔術植物的國度

以「墨西哥」起頭的植物名稱甚多，在化學、植物學、地理學上並沒有什麼共通點，不過有一個地方很特別，它們幾乎全部擁有陶醉藥的特性，令人脫離現實的世界，伸展、接近，進入另外一個世界。

——艾倫斯特・尤根《接近》

十五世紀，西班牙人來到墨西哥的阿茲特克帝國，發現帝國首都台諾切提特蘭（即今日墨西哥市），簡直就像人間理想國，其進步繁榮的程度，完全超出他們的想像。首都是一巨大的都市，一個半乾的湖泊在正中央展開，道路如蜘蛛網一般從市中心向四面放射而出，宮殿、神殿、金字塔、墓地、住家、市場、醫院莫不整然排列。與垃圾充斥、惡臭熏天的歐洲都市相較，台諾切提特蘭可以說是纖塵不染，所有建築物不但塗抹上美麗的顏色，而且還裝飾以多彩的旗幟、羽毛或寶石的浮雕，上下水道建設完整，垃圾及糞便都被運送至街道之外的地方去做堆肥。爐邊有壯麗的神殿，其中的神像上塗滿了犧牲的鮮血。都市的各地都在焚香，而從神官、巫師到娼婦、產婆，大家各司其業。有的巫師不但通曉天上或地獄的情事，還能夠預測雨何時到來。不管專業為何，所有的巫師都擅於使用能改變人的意識的植物。

西班牙人首度來到墨西哥時，受到阿茲特克皇帝蒙提祖瑪的熱烈歡迎，並有機會詳細了解當地的建設與文化。蒙提祖瑪群聚國內美女，建立了一個彩鳥繽飛的鳥園和另外一個種植四千種以上藥草的植物園。這個以塔鎖提皮理（花王子）為名，並受到他保護的花園，雇用無數花匠在照顧，園內草木扶疏，搜集的植物種類齊全，幾乎所有春藥中的植物都被納入園內，如番曼陀羅的同科植物、鼠尾草（Salvia divinorum）、紫蘇科的各種草本植物、染料草（Genista）、特納屬、甘藷屬、刺桐類、金盃藤屬、鱷梨、香果蘭、辣椒、黃薇屬、仙人掌。另外還有一些植物學上無法特定的植物。但是即使擁有這麼龐大的植物園，蒙提祖瑪有時仍然需要一些非常特殊的藥草，必須依賴進口或外地進貢才能取得。

例如，一種被阿茲特克族稱之為巧克拉多的可可，只生產於奧美卡族所屬的國度。而奧美卡族在墨西哥灣旁建立的土拉洛卡西國，在阿茲特克文中，有樂園、富裕之地的意思。「那裡農產豐饒，鳥語花香，是一個富裕的國家。幾乎所有的農產品種類，都可在那裡找到，例如綻放出可可芳香的黃色『木耳』、野生的可可、橡膠等，都在當地生長茂密。」（撒根，一九二七年）。可可豆被視為「諸神的植物」，也被用在春藥之中。平日可可豆不但可作為貨幣代替品，在市場中賣春的女人也願意接受可可豆為報酬。也就是說，這些女人願意接受春藥，作為賣春的報酬。阿茲特克人將可可豆用土鍋炒熟後，與玉米一起研磨成粉末，溶於水中，或與辣椒一起烹煮成粘綢的飲料而服用。傳說中，蒙提祖瑪與他園中的眾美女交歡前，一口氣飲下五十杯。有關新世界春藥的知識，很快地便傳到歐洲，使得歐洲從十七世紀起，便知道可可在春藥上的功能，並高聲謳歌道：

遙遠西方傳來的那飲料，讓我們舉杯
那帶來驚人愛情效果的飲料
你我兩人共飲吧
讓我把心掏出來
祝福我兩子孫萬世幸福

根據現代藥學的原理，可可含有刺激中樞神經的生物鹼、「可可鹼以及少量的苯基氨酸，尤其後者非常知名，這是一種人在性興奮時腦部會自動生成的物質。」（楊，一九八四年）。也就是說，假設一個人飲下大量未加工的可可，很可能在沒有性交的情況下，身體便出現性興奮狀態。

除了可可以外，蒙提祖瑪皇帝還有一個非仰賴進口不可的植物，那便是生長於提特提提托蘭北方沙漠的一種仙人掌，老頭掌（Anhalonium Lewinii）或烏羽玉（Lophophora williamsii）。這種味道辛辣的沙漠植物，含有能引發幻覺的生物鹼及麥斯卡林興奮劑。當西班牙人入侵台諾切提特蘭時，沙漠仍為身包皮衣、以畜牧與狩獵為生的提提麥肯族所居住。受到對植物知識豐富的提提麥肯族所影響，阿茲特克人也開始崇拜老頭掌：

提提麥肯族對藥草的特性與效能知之甚詳，率先使用老頭掌的便是他們。他們將老頭掌當作和普路克（用龍舌蘭作成的一種墨西哥酒）、普西羅希貝屬的椎茸有相同效果的藥物。他們在沙漠中圍繞著老頭掌，載歌載舞，飲酒作樂，徹夜狂歡。據說這樣可以洗滌眼睛，使得眼瞳更加清麗。（撒根，一九二七年）。

當時擔任記者的撒根，如此記述老頭掌的效果：

吃食或飲用老頭掌以後，眼前便出現幻象，連續二、三日之久。有時那幻象是恐怖的，但有時則是滑稽的。提提麥肯族人已服用老頭掌成習，他們認為老頭掌能賦予活力與勇氣，消除他們內心的恐懼，解除饑餓、乾渴的感覺。他們甚至說，老頭掌可保護他們免受各種危險。（哈路特維奇，一九一一年）

阿茲特克族將可帶來光輝萬丈的幻象、並從幻象中引出性快感的老頭掌，視之為神，五體投地地崇拜。老頭掌有男神與女神之分，男神為提卡特里波卡，主管魔法與性的精力，而女神則為主管分娩的特拉路索特奧特（凱撒達，一九七五年）。時至今日，我們只知道阿茲特克人不但將老頭掌用於治療惡寒、高燒等疾病，也用來作成愛的護身符，並占卜戀愛，但我們卻無法確知當時人在技術上如何使用老頭掌。到西班牙人開始殖民墨西哥以後，便透過教會禁止當地人使用老頭掌。不過在印地安與西班牙文化融合的過程中，老頭掌也搖身一變基督教化，成為與聖安東尼斯、耶穌，甚至聖母瑪利亞一樣被禮拜的對象，換句話說，經過本土化的基督教，將印地安的思考意識概念化後予以吸收，成為本地宗教的一部分。

到了雨季時，包圍著台諾切提特蘭的群山，遍地會長出一種形似男根的菇類，被當地人稱之為提奧納納卡托（「諸神之肉」）。對這種含有布希羅希賓的菇，一名兄弟會修士曾留下如是紀錄：「吃食以後，會讓人產生各種各樣的幻覺，尤其是有關蛇的幻覺。」當地人將提奧納納卡托視為代表豐饒與雨水的神聖植物。神官吃食此物，便可與神明交信，祈禱師吃食後，則可預測未來，並被賦予治癒疾病的能力。而一般民眾更以這種菇來治療伴隨惡寒而來的高熱，並將其當作性行為興奮劑使用。另外，治療師與患者一起將提奧納納卡托沾蜂蜜食用後，治療師便可與神明交信，探知患者的病因，並設法將病源從病人身上吸走。男性的性無能與女性的不孕症便多用這種方法治療。

根據阿茲特克神話，人類是碾碎、研磨成分的骨頭與神明陰莖的血液混合後的產物。同樣地，賦予女性歡喜，並成為新生命源頭的精液，也是骨粉與男性腎臟中的血液混合後產出的。

> 男人的種子、藥草的種子、人類的種子、吾人之血液、紅色的血液、黏糊、無定性、白色、透明、熱血，它使女性美麗、生殖、強壯，被它沾濡後，女性開花結果。（卡魯男爵，一九四〇年）

有一種作用類似鴉片，近年來聲名大噪的墨西哥植物，反而沒被阿茲特克人列入春藥單中，就是薊罌粟（Argemone mexicana）。從阿茲特克時代起，印地安人便視其為「死者之食物」，認定這是亡魂在多雨的樂園中食取為生之物（雷契，一九八五年）。近來，世人將薊罌粟烘乾後，當作大麻的代用品或春藥，頗受歡迎：

與三名友人共同吸食薊罌粟，得到一次極為美妙的體驗。菸過兩巡後，進入一種舒服的迷醉狀態，頭腦變輕，身體發熱，清楚地可以感覺到自己血脈的跳動。感覺到友人圍繞在附近，心中湧現無比的幸福與安心感：啊，周圍所在都是所愛之人！他們如夕陽一般發出萬丈光芒。不知不覺我們互相開始貪戀起對方所不吝給予的快感。眼睛逐漸失去焦點，但是身體的感覺卻越來越敏銳。

肉體得到極樂滿足後，美好的感覺仍無限延續。我們進入一個在平常現實生活中被認為淫猥而無緣進入的世界。相對地，要沿著路邊向前行走，或提起刀叉品嚐餐點，拿起酒杯喝酒卻成為重大困難的動作。當晚，我們睡眠極少大約只有四小時，但第二天，卻仍能以極清新的心情，迎接朝露到來。（吾爾庫斯，一九八五年）

歸依於諸神

迷醉最初的徵兆是「眼神發光」……馬雅族聚在一起，互傳菸草，共享其樂，如果看到同伴眼神發光便會說：「這個人已做神明的眼神了。」

——維克多・A・雷可《魔術之毒》

在阿茲特克時代，有一類男性舞者戴著附口袋的帽子、露出巨大男根，以舞蹈獻神。這種舞者的男根是裝飾贗品，還是因飲用強精劑而壯大的真貨，一直沒有定論。現在在墨西哥灣畔，住有瓦庫斯提凱族印地安人，使用的語言與馬雅人極為類似，並保存著阿茲特克時代對藥草的知識。例如，該族至今仍記得曾將番曼陀羅屬的植物（Datura spp.）當作治療性藥品，以及幻覺誘發劑和春藥使用的時代。番曼陀羅屬的植物不僅有治療疾病的效果，還有殺死詛咒他人生病的巫師的力量。對番曼陀羅及相關的植物，墨西哥的印地安人均賦予無限尊敬與愛意，並且加以崇拜。居住於尤卡坦半島的馬雅族，尤其將番曼陀羅稱為「向萬神歸依」的藥草。從熱帶雨林中殘留的神殿與金字塔，我們至今尚可一窺過去馬雅文明中心的神祕宗教。神官為達到恍惚狀態，以便與神明溝通，所以經常使用有幻覺作用的飲料或肛門塞劑，例如有麻醉作用的延葯睡蓮、菸草、海蟾蜍萃取物、曼陀羅（雷契，一九八五年）。

神官借用上述植物的力量面對神明，將自己變成神明中的一員。他們使用的藥物，幾乎現代仍全部在使用中，不過已化成為春藥，與祈禱、祭神無關了。例如在治療男性的性無能時，馬雅人命患者叉腿站立，燃燒乾燥之菸草葉，借用熏煙的力量，賦予陽萎的陰莖新的力量。事實上，菸草被馬雅人視為萬能藥，不但可以治療陽萎，還能夠驅走邪氣、預防毒蛇侵擾。神官將菸草與番曼陀羅的葉子混合，捲成一種稱為卡瑪路的香菸，吸食後據說會進入一種恍惚，可與神明溝通的狀態。不過，有時為發揮春藥功能，卡瑪路中只放番曼陀羅，而不放菸草。據說一次吸食四片番曼陀羅的葉子，最為適量。曾有人吸食後，記錄下親身體驗：

皮膚敏感地令人訝異。只要輕輕觸碰一下，全身便感到一股如觸電般的快意。而且血液全部集中到下半身，慾求感不斷高漲，性機能也明顯增加，不論什麼體位、什麼樣動作行為，都會帶來極高的快感。經過許久的時間，比以前絕對多許多的時間，才終於到達高潮。高潮本身的時間也變長了，似乎維持了好幾分鐘之久。在性交時，我們腦中沒有任何煩惱，只專心於性的行為中。番曼陀羅的效果維持了一整個晚上，讓我們反覆地到達性高潮。睡了短暫的片刻——就算在睡眠中看到的也是情色綺麗的夢境——雙眼一睜，便感到意識清明，體力絕佳。皮膚仍然處於極度敏感的狀態，並感到喉部乾渴。（雷契、普羅布斯特，一九八五年）

另外，馬雅族也將番曼陀羅的根作成麻醉劑，新鮮的葉子，則作為外傷及潰瘍的貼藥。根據馬雅族古老的傳統，番曼陀羅的種子有「銳化意識的效果」，將其搗碎後，與數滴月經血及咖啡混合，效果尤佳。番曼陀羅的花朵芬芳，除了可以製成具有春藥效果的花茶外，還可以用來進貢明神，並在施行愛之魔法時奉獻。很偶然會以重瓣形式綻放花朵的番曼陀羅，尤其被認定藥效濃厚，送給新婚夫婦，可帶來永遠的幸福與快樂。

在馬雅時代，花朵是主管生殖、誕生、戀愛的月神伊庫絲契爾（「彩虹之女」之意）的象徵。當時的婦女用供奉月女神用的花朵，來製作愛之祕藥，以面對所愛戀的男性。在滿月的晚上，婦女時常摘下李子樹的花朵（女性陰部的象徵），任其漂浮在湖面，然後全身赤裸對月女神祈禱，並將花朵奉獻給她。據說，湖水即刻便成了愛之祕藥。

男性的神官也會舉行對月女神的崇拜儀式。他們選擇於洞窟舉行儀式，據說那黑暗的環境，是最適合月神。在洞窟中，神官或許是借助大量的強精劑，在自己勃起的陰莖上插上芒刺，以流出的血液奉獻給月女神，因為從性器官流出的血液，正好比月之神的月經血一般，因此以此為犧牲，不但有陽物崇拜，而且有乞求豐饒的意思在內。現今，在墨西哥的印地安人中，也還有在剛播過種的玉米田中灑血祭神的習俗，當地人仍然相信，勃起的陰莖中所採下的血，可賦予玉米芽生命的活力。

逼近現實

黑豹再度出現。我首度嚐到與自己的肉體分離，感覺自己變成豹子的滋味。

——曼艾爾・歌都・里奧斯

「世界剛開始之際，大蛇從大河逆流而上，背上背負著人類，把他們運送到各處。當時，雅各的母親便生了下來。」亞馬遜北部荻撒納族的創世神話便是這樣開始的。

雅各的母親因一名為「太陽之父」的老人而受孕。「她看見他。只因為看見了他的形體姿態，雅各便得到了種子，因為他成為了雅各的形體。太陽之父正是雅各的祖宗，愛的老祖宗。在水之家中，雅各的母親從眼睛妊娠。她從看見了太陽之父開始便懷孕了。一切都從眼睛開始的。」分娩之日接近，雅各的母親走進一個坐著許多男人的屋子。「當她一走進去，每個人都失去了正氣。只有一個人還能保持清明頭腦，取下了雅各的最初的樹枝。」（哈里非克斯，一九八一年）因此而生下來的便是雅和（Banisteriopsis caapi），一種蔓生爬藤類植物，在亞馬遜熱帶雨林中生長地茂密繁盛地長著，人類只要看到它，便可回想到世界開始之初。

乍看之下雅和並不起眼，與其他植物之間很難辨識得出來。除了雅和以外，還有許多別名，例如卡阿比、阿亞洲瓦斯卡。以此植物製成的飲料也稱為雅各。每一人份的雅各飲料，大概需要十五公分左右的雅各蔓藤，熬煮六到八小時。這種雅各飲料，時常運用於巫術中，會讓人進入恍惚的狀態。在巫術中，人飲下雅各後，便橫躺在搖床上「胃裡外倒翻」，讓自己變成黑豹，翱遊銀河另一端的「藍色國度」。雅各也可當春藥使用（這時候劑量必須降低）。飲下後，男性便會強力而持續地勃起。在居民大都赤裸著身體過生活的亞馬遜地帶，男性會驕傲地任其陰莖勃起，在村中走動，出示春藥的成效。而大多數的部族都禁止女性使用雅各，因為會促進子宮收縮，可能導致流產。而且據說女性服用雅各以後，會感覺過分的快意而達到忘我的境界。

托卡諾族將雅各稱之為「神明的精液」，飲下後所引起的恍惚狀態則稱之為「性高潮」。對該族人而言，互傳共飲雅各的儀式，便是回歸宇宙子宮、往原始混沌狀態旅行的境界。飲用雅各後，他們看到的才是真正的現實，而體驗到的才是時間的開始與創始神話的起源。在雅各效用下，他們成為雅各的母親，太陽之父。經過靈魂的交合，他們生下了自己，而在新生的自己中，他們回到了眼睛所見的現實世界中。根據該族的神話，世界起始於恍惚的性高潮之中。要重新體驗這個世界的原初狀態、重新意識世界成立的剎那感覺，便必須飲下神聖的雅各飲料。

「完全感應，意識到現實的人，才能稱為是真正的意識所有者。」（戴特根，一九七九年）

我們確知的是蔓生的雅各中，含有哈魯瑪林等生物鹼。注射下七十五到一百十五毫克，或經口服二百五十到三百毫克後，平常人即會看到綺麗的幻象，並開始做白日夢，感覺自己在浮遊，有飛行感。這些生物鹼直接影響到人的腦子與身體下半部，完全吻合了「誘發幻象的春藥」之名。在動物實驗中，我們已經證實老鼠在接受五毫克的哈魯瑪林後，性行為立刻變得非常活潑（恩波登，一九七二年）。精神科醫生在使用哈魯瑪林治療患者時，也發現其副作用之一便是許多患者開始有性幻想。

亞馬遜流域的印度安部落中，除了雅各以外，還有另外一個方法可讓人進入「真正的現實」，並提升性的恍惚感，那便是用一種含有DMT（二甲色氨）的植物所製作的嗅煙。這種菸草在當地有各種名字，如瑜波、艾貝納、卡和巴，其效果與單純的DMT類似，甚至有更激烈的傾向。

一粒一粒地從鼻穴進去後，似乎立刻飛進頭腦內，引發一種頭腦快要爆炸的感覺。但是逐漸地，身體進入一種無以言狀的舒適感覺。將目光漂向河流，許多傳說中的生物便一一在河面上出現了。呢喃的細波也突然變成驚濤駭浪。（多納，一九八五年）

雅諾瑪諾族禁止女性使用艾貝納，因為對該族而言，艾貝納僅是宗教儀式道具之一，而非一般藥物。根據巫術作用，艾貝納的粉末，是將人帶往眼睛看不見的精靈世界的交通工具。借助艾貝納的引發，人可以表現出隱藏於體內的真正力量。精靈平常只住在巫師的內心，呈靜止休眠的狀態。巫師從鼻子吸入艾貝納粉末後，粉末進入肺部，喚醒在胸中休眠的精靈。最喜艾貝納的精靈們迷醉於其效用中，在巫師的胸中又歌又舞，賦予巫師超人的能源，巫師便利用這個精力為人治病、進行狩獵，有時候也將精力轉化為性精力，投入女性的身體。

女性雖然因害怕流產而禁用艾貝納，不過卻可使用另外一種非常類似的嗅煙，蘇阿．黑羅（有女性的魔法之意），目前僅知道這是一種植物，但無法確定其植物學上的名稱，土著將葉子與一種香木混合後使用。雅諾瑪諾族的男性經常隨身攜帶這種香菸，想與妻子或其他女性進行性交時，便讓對方嗅聞，引發性趣。想必這種粉末中也含有少量的ＤＭＴ。

亞馬遜地方的印第安人將含有二甲色氨的植物，如蔓生爬藤類植物的九節屬（Psychotria viridis）葉子，與雅各飲料混合後服用。他們想必體驗過那種精液好似火山爆發一般，從陰莖中大量噴出、意識從肉體飛出，奔向銀河遠方的那種快感吧。

媽媽・古柯與四方的風

所謂飛行能力，並不一定侷限於肉體的起飛。

——瑪蓮・多布金・荻・里奧斯

在祕魯南部的納斯卡高原上，有一個世界僅見的奇觀：在那片遼闊而乾燥的高原上，有許多只有從空中才可見到全貌的巨幅圖案。當飛機飛過納斯卡高原時，乘客低頭便可看到各種蟲魚鳥獸的圖案，但是人行走在地面上時，卻對這些圖案的存在渾然不覺。許多考古學家對這些巨大的地面圖案，提出了各種學說，有的認為那是原住民對宇宙觀的一種圖繪，有的說那是一種天文學的圖鑑、一種星座圖等等。其中，人類學家瑪蓮・多布金・荻・里奧斯則從一個獨特的觀點，發表了一種另類的學說，認為地上圖畫「是一種路標，專門為引領肉體與精神分離的巫師而用」：

許多有過靈魂出竅經驗的人，都說他們有從自己肉體以外的位置，遠眺自己的經驗，並且說他們能夠從神祕廣角鏡頭中，觀看到另外一個世界的景象。而這便是證明。

（一九八五年）

安地斯山脈區號盛產各種有提神作用的植物，在納斯卡文明的時代，便廣為印地安人所知，直至今日，仍為土著當作醫療及祭祀品使用。其中最為有名的是古柯屬植物（Erythroxylon coca）以及有「四方風之神聖仙人掌」稱號的聖畢得羅（Trichocereus pachanoi，其中最主要的成分應為麥司卡林興奮劑），有鷲之精靈樹稱呼的曼陀羅木，名為維爾卡的菸草，以及名為魂之蔓的雅各。

在西班牙人殖民南美的紀錄中，我們看到在當時的醫療、祭神儀式、巫師行法、春藥等方面，這些植物廣泛被使用。這些習俗到今天仍然保留於印地安人之間，我們不但在安地斯山中廣泛看到聖畢得羅、曼陀羅木、古柯等植物的栽培，還知道其存在仍與性愛及巫術關係深厚。人服用這些植物後，便會產生神明附身的效應，自古以來印地安人運用它來預言未來、進行愛之魔術、變身為動物增強體力、提高快感。

聖畢得羅煎熬出的汁液，少量使用便可達到春藥效果。根據傳說，聖畢得羅本身為半人半獸的黑豹神（大多以勃起的男根為象徵）所化身的神聖植物。印地安人相信黑豹神是力大無窮、能夠飛行的神明，服用聖畢得羅後，人便化身為黑豹，乘著東南西北四方的風（或許這裡所指的便是納斯卡地上圖的標誌）飛向幻想的宇宙之中。

安地斯山的傳說中，有許多關於曼陀羅木驚人藥效的傳說。由於曼陀羅在傍晚時綻放的香氣最為迷人，因此許多印地安人認定它是夜世界的植物，裡面居住著看不見的精靈，而其吊鐘一般形狀的花朵（有白色、黃色、紅色），則是想像中的叢林野獸比其奧的食物。凱酋阿族則認為曼陀羅木是「墳墓的植物」，與死亡及來世有深切關係。另外還有古安比阿諾族印地安人的傳說，將某一種曼陀羅木描述成裡面居住了鷲精靈的植物。這隻鷲生性邪惡，會奪走在樹蔭下休息者的記憶與理性，並將那個人放在牠的羽翼上，載往另外一個世界。如果少女在樹蔭下睡著：「便會夢見精靈。夢醒後那夢境中出現的小精靈仍藏身於少女體內，六個月以後，變成樹種的形狀，從少女的身體中出來。」（修特斯、豪夫曼，一九八〇年）在安地斯山各地，我們均可看見印地安人將曼陀羅的花朵和莖部作成茶飲，當春藥使用。尤其曼陀羅的種子特別有催淫作用，當地女性還將曼陀羅木的種子磨碎後，與玉米混合發酵，作成一種名為起差的酒。

關於古柯的起源，印加神話中有各種傳說。其中有一說認為太陽神自己創造了古柯，並將它贈送給他的代理人，印加皇帝。因此，古柯葉只能為皇帝、貴族、神官所享用。另外還有一說則認為「很早很早以前，曾經出現過一名和女神一樣美麗、極具媚惑力的女人。這個女人因為從事了違反印加道德規範的肛交而被殺死，劈成兩半。其中的一半長出一棵灌木，被稱為媽媽．古柯。」（安東尼爾，一九七八年）。古柯的葉子因此成為愛之女神的象徵。只有剛與妻子完成性交的男性，才能從事收割或咀嚼古柯葉的行為。可惜的是，我們無法從西班牙殖民的紀錄中，查到支持這種行為的理由或邏輯思考。

古柯的葉子必須與硝石灰或植物的灰一同咀嚼，才能發生效果，因為古柯葉子所含的古柯鹼，只有在鹼性液體中才能溶解，然後經過口腔粘膜吸收。（陶爾，一九六一年）。古柯葉與菸草葉一起煎熬，所產生的汁液，效果非常有限，反倒是如焚香一般予以燃燒，或當香菸般吸食，效果相當顯著。巫師大多利用這種方法，將古柯與香木一起焚燒，一邊吸入，一邊放鬆地「讓自己進入神明附身的狀況，隨著古柯的裊裊香煙，進入另外一個超自然的世界之中。」（吉蓋爾，一九八二年）。在印加帝國時代，古柯的香煙是敬神之物。不過巫師在預言、施行愛的魔法時，也會用到古柯。另外當有人愛戀某個人，卻不知應用何種春藥或魔法來抓住他的心時，也可以利用古柯占卜。從另外一個角度來看，古柯被印加文化視為一種春藥和長壽藥。西班牙的編年紀作者、傳教士認定，海岸地方的部落民族「違反自然」的性行為，與攝取古柯大有關係。西班牙人面對這些製成納斯卡地上圖畫的人的後裔，大加責難他們的「男人情色以及顛倒的性行為」。

女性與丈夫或丈夫以外的男性進行肛交。即使在授乳期間也照做不誤……女性人數並不比男性少，而其中更不乏美女，但他們大部分只知道沉溺於肛門性交這種違反道德的行為中，甚至因此而感到自滿。（風・哈根，一九七九年，引用西班牙傳教士之語）

為快樂而性交，也就是對勞動力的再生毫無貢獻的肛門性交，不論在印加帝國的統治者或西班牙的基督教傳教士看來，都是「精液的浪費」。然而，沿海地方的部落，不論男女，都不將肛交視為罪惡，甚至將它視為男性之間、成人男子與少年人間宗教性的義務行為。

在重要的神殿中，必定會有一、兩名男性，從小就當作女性一般教養，連服裝、教養、語言都按照女性的標準來培育。這些男性的工作，便是在祭禮時，與首長進行罪虐深重的性交。（前述書）

印加帝國的統治階級和西班牙人，都將這種「違背自然、逆反倫常」的行為，歸罪於古柯

的使用，而認為古柯是對「肛門」最有作用的春藥。這種想法，一直到二十世紀，還有許多性學家如此認為。（吉蓋爾，一九八二年）

第六章

永恆的夏之愛

花飛花旋
花在燃山的山上飛舞
從祖父的心臟
飛奔出伊塔利和麋鹿
諸神在說話
是的，諸神在對我們說話
但是他們的話語，誰都無法理解

——錄自非契爾族的貝約提之歌

北美印地安人最後在傷膝溪（Wounded Knee）一戰中完全敗北，被大量虐殺，從此不再擁有美洲這一塊父祖傳下的自由、自治聖土。他們被趕進印地安保留區，接受白人的統治，自此，印地安傳統社會結構被白人破壞無遺。不過，在印地安人的移住政策下，各個部落之間的交流加深，尤其西南部各族印地安人之間的文化產生了新的激盪。邁斯卡洛·阿帕奇印地安族，在墨西哥北部發現了老頭掌，這是一種沒有荊刺、極不起眼的仙人掌，非契爾族現在仍當作神一般崇拜。大部分印地安部落都認為老頭掌在治病有奇效，而且在宗教儀式中也會用到它。人使用老頭掌後，眼前會出現色彩鮮麗的幻景。對於失去原有居住地的印地安人而言，老頭掌正是讓他們回到以前充滿和平與愛的土地之門。真實生活中的土地已被白人蹂躪至不堪的地步，但是還好有了老頭掌，樂園又可回到他們的心中。因此，老頭掌成為被壓抑的美國原住民聖餐。印地安人能夠存續，他們的傳統文化及世界觀能夠延續，老頭掌功不可沒。

透過一些美國作者，如哈維洛克．魯文、歐達斯．哈克斯雷的介紹，歐美白人也逐漸了解老頭掌的藥效。在十九世紀末、二十世紀初，歐美開始有人針對老頭掌、麥司卡林（可以合成）興奮劑實驗，結果發現老頭掌為能夠引發幻覺（羅希亞，一九二七年），而兩者經口服後，都可帶來多重的幸福感以及彩色幻象。

> 鮮艷的色彩、饒有意義的圖像逼人而來。那些色彩全是自然中最常見的顏色。各種圖像，有的呈輪狀、有的呈現螺旋體，從內側發出亮光，不斷地旋轉、移動。就在這多彩的世界中，人類竟然具備有穿透彩色，只看到白茫茫的白色的能力。地上的任何物品均無法和這光輝萬丈的白色相比擬……漫溢的光芒化為清澄的聲響，光與聲在我的體內合而為一。美麗的聲響以白色為表，而透光的白色則曼妙地在我內心舞動。（沈克，一九五四年）

嬉皮運動的先驅艾倫．金斯基，一九五二年曾親身實驗老頭掌，發現有強大的社會治癒力。

老頭掌不是神，卻是一種具有極強力量的植物。如果所有人都加以服用，你我的生活將出現多麼大的改變！如果每年一次，所有人都服用，並對他人打開自己的心事，那麼將會有多少祕密被曝露出來？毫無疑問的，許多家庭的祕密都將公諸於世——當然這些祕密並不是什麼神祕的謎題。在天空下，沒有什麼疑點。（金斯柏格，一九八二年）

傳奇詩人金斯柏格（他曾親身嚐試過許多含有興奮劑的菇類），曾為文談及老頭掌的春藥效果。大約在這前後，宗教哲學家艾倫．華茲與生物學家羅伯荻羅普，也針對美國原住民的藥物做了實驗。他們將實驗結果集結成書，成為初期嬉皮運動的《聖經》。而艾倫．華茲在《歡愉的宇宙論》（一九六二年），對麥司卡林、迷幻藥等藥品的正確使用方法做了如下說明：此種強力藥物，不同於像香菸、香檳，不要輕易嘗試。接近這些藥物時，必須心存敬畏之意。不過，話說回來，也不必像禁慾者一般，板起臉來做出道學的樣子。

華茲的《歡愉的宇宙論》出版的同一年，麥斯特茲的傳奇性著作《禁忌的性行動與道德》也問世了。該書中用了整整一章的份量，來解釋麥司卡林的春藥效果，這可說是有系統研究麥司卡林的開端，也是一項極需勇氣的行為，因為當時的人對麥司卡林的認識還非常有限，僅認定其為一種誘發幻覺的春藥而已。在著作中，麥斯特茲全盤推翻人類學家堅持美國西南部原住民視老頭掌為制淫劑的說法。根據他的說法，麥司卡林從來就不是一種為增進性慾而存在的春藥，而是一種強化情色感覺及關係、提高性快感的物質。

這些對美國原住民藥物的研究，受到嬉皮狂熱的歡迎。老頭掌、麥司卡林、迷幻藥等，一個接一個，都成為嬉皮聖品。一九六三年生理幻覺及性解放之風吹起，為「夏之愛」「宇宙之性」的時代拉開了序幕。

花的力量

我涉足樂園、那開滿了清澄的夢之花的樂園
如幻象一般，模糊地看到華爾滋慢舞
耳邊傳來大象與蚊子交尾的聲音。

——J・拉佛格《香菸》

一九六〇年代，身著多彩衣飾、戴滿各種各樣花朵的嬉皮在舊金山街頭出現，立刻受到世人歡迎。旁觀者無不被他們長髮上光彩奪目的花飾吸引，因而稱之為「花童」（Flower Child）。事實上，在花童長髮之內、頭腦裡面，當時正有另外一種花朵在綻放著：大麻的花朵。更進一步從大麻的雌花中採集樹脂，加以提煉出的物品，花童稱之為馬利皇納（Marijuana）。馬利皇納之名可能來自於西班牙女性的名字「瑪利亞・皇納」（Maria Juana，有放任的女性之意）。接著，在嬉皮文化中，大麻被賦予多種的名稱，如草（Grass）、「Dope」（有麻藥之意）、「Mary Jane」、雜草（Weed）。當時所謂的花之力量（Flowerpower）當然是指大麻的花，這是嬉皮的原動力，也是他們每天的糧食。嬉皮每天吸食由馬利皇納製成的香菸，他們稱之為喬因特（Joint）。吸喬因特有一定的規矩。從拈菸的人開始，一人哈一口，在小眾中傳遞，大家輪流共享。喬因特的英文原意便有連接、關聯的意思，將大麻稱之為喬因特，也有友人圍燒成圈「相互關聯」的意思。

一九六九年，傑克．瑪哥理斯和理查．克羅芬出版系列作品《馬利皇納愛好者手冊》的第一卷：《一個兒童的菸草花園》。該書最重要的，便是討論馬利皇納作為春藥的功能。「所謂春藥，便是能引起各種各樣感覺反應的藥劑；能引發內在的幸福感，並以性的形式，表現於外。」。「馬利皇納讓人產生多重的幸福感，是世上最佳春藥。不論使用的動機是低俗地想要誘惑異性，或者高尚地想要使性伴侶得到最長、最高的快樂，甚至只是為了活化自己的內在能源，它都會讓你達到目的。」馬利皇納可以提升前戲的快感，幫助控制射精，增加性高潮的絕頂感（有時也可增加高潮的次數），並且擴大情愛的想像力與幻象。換句話說，「馬利皇納使得我們的性行動更為豐富，讓我們對性有更深刻的體驗。通過馬利皇納，我們學習到，從陶醉情境中醒來後，應仍銘記於心。」下面介紹的便是當年嬉皮經常使用的藥物及植物性的春藥，在其他文化圈中也是合法可以取得。

學名	名稱	使用方法	原使用地域
Argyreia nervosa	美麗銀背藤	一次服用三至四顆種子	夏威夷
Gossypium herbaceum	脈葉朝顏	將二盎司的根皮煎煮三分鐘，倒入杯中飲用	小亞細亞
Hyoscyamus niger	天仙子	以香菸形式吸食。或與馬利皇納混合吸食	世界各地
Strychnos nux-vomica	馬錢屬木	服用極少量種子	東南亞
Coleus sp.	彩葉草	以葉子作成菸草吸食，或咀嚼約五十片葉子	世界各地
Pedalium murex	印非胡麻	種子搗碎，泡入冷水，每日三至四次，每次服用一杯	印度
Capsicum frutescens	辣椒	服用三十到一百二十五毫克	亞洲
Turnera diffusa	土耳尼羅屬	吸食、作成茶、或與椰肉混合成丸藥服用	中南美
Amanita muscaria	捕蠅蕈屬	每次食用一至三根。或將表皮乾燥後混入馬利皇納菸草中	世界各地
Panax pseudoginseng	假人參	每三至四小時，咀嚼根尾	東南亞

學名	名稱	使用方法	原使用地域
Genista sp.	染料草	吸食花做的菸草，或做成茶葉飲用	世界各地
Guajacum sanctum	神經癒木	樹皮一盎司煎煮十五分鐘。每天喝一小湯匙。	墨西哥
Zingiber officinale	薑	咀嚼新鮮的根	亞洲
Eschscholtzia californica	花菱草	葉子作成菸草吸食，尤常與馬利皇納混合	加州
Acorus calamus	菖蒲	咀嚼根莖。或將根莖二盎司熬煮	北美
Nepeta cataria	薊芥	葉子與馬利皇納或菸草混合吸食	世界各地
Piper methysticum	胡椒屬	種類雜多。	南太平洋諸島
Macrocystis pyrifera	歐美海帶	服用一小湯匙	世界各地
Cereus grandiflorus	山影掌屬	咀嚼新鮮葉肉〇．五公克。或飲其酒	墨西哥
Cola nitida	可樂果屬	果實粉半小匙加上蜂蜜兩小匙，調以溫水服用	非洲
Piper cubeba	胡椒屬	食其果實。葉子也可做成茶葉飲用	亞洲
Lobelia inflata	半邊蓮屬	與馬利皇納或達米阿納菸草混合，或當茶飲用	北美

學名	名稱	使用方法	原使用地域
Piper angustifolium	胡椒屬	在紅茶內加入小半匙	祕魯
Mimosa pudica	含羞草	汁液塗抹於手上	世界各地
lpomoea purpurea	甘藷屬	服用數粒種子	美國
Liriosma ovata		咀嚼樹皮。或將六至十小匙樹皮煮上十五分鐘，任其碎成粉末，與馬利皇納混合吸食拔契藷	亞馬遜
Myristica fragrans	肉豆蔻	服用一小匙	亞洲
Serenoa repens	塞潤櫚	吃食新鮮果實，或精製萃取液。還可與達米阿納併用	佛羅里達
Smilax officinalis	拔契原	二大匙乾燥後的根，煮五分鐘	墨西哥
Datura spp.	曼陀羅	葉或種子，與馬利皇納菸草混合	世界各地
Peganum harmala	駱駝篷	服用種子數粒	小亞西亞
Glycyrrhiza glabra	甘草屬	咀嚼，或碾成粉末狀，服用。也可與馬利皇納併用	亞洲
Atropa belladonna	顛茄	葉子與馬利皇納混合使用	世界各地
Vanilla fragrans	香果蘭	一次食用莢二至三根	墨西哥

學名	名稱	使用方法	原使用地域
Artemisia absinthium	歐洲艾	作成茶葉一面吸食馬利皇納一面飲用	世界各地
Mentha sativa	水薄荷屬	薄荷茶	南歐
Corynanthe yohimbe	非洲育希比	用樹皮作成茶，每杯中加一克的維他命C飲用	非洲

終・章

聖與俗之間

人類在性衝動之中，看見了神性。這是因為人類在感覺到自己內心變化之際，不禁心存感謝，而對神禮拜。隨著時間流逝，性衝動被賦予更高層次的概念，逐漸地，性衝動變得非常高尚了。

——尼采《人性的，非人性的》

認知、快樂、陶醉——神聖三角，就此形成。

——吉基・P・A・海勒

「吃下認知之樹的果實，汝等如神仙一般。」代表性象徵的蛇如是說。而其中所謂「認知之樹」長久以來引發許多人的想像，賦予各種各樣的解釋。希羅寧斯・波修將它一會兒化為蘋果樹，一會兒又化為煉金師用的玻璃燒瓶。十三世紀普蘭克拉爾禮拜堂中的壁畫，又將其描繪成捕蠅蕈屬蘑菇。耶穌會修道士、也是神學者的約翰・阿列格羅則主張，「認知之樹」便是捕蠅蕈。根據他的說法，早期的基督徒曾有吃捕蠅蕈的儀式。當然，另外還有人將「認知之樹」解釋為曼陀羅、毒參茄。甚至有人說伊甸園內的植物，就是捕蠅蕈或毒參茄。凡此種種，所欲表達的訊息均為：「春藥可讓人成仙。因為服用春藥以後，人便有了如具神力的自覺。」

隨後，基督教開始強烈批判認知，禁止神祕論，並對性採取極度壓抑的態度。然而，在其他的文化圈中，人們仍然用心體會上述的訊息，並嘗試通過春藥，在恍惚中摸索接近神明之道。春藥仍然是諸神的植物。透過這些植物，人在交合中尋求頓悟，而神明長存於各個人的心中。因此，世界最古老的各個宗教均不約而同地崇拜有刺激精神作用的植物，而這些植物又都是最刺激的春藥，是極其自然之事。

在人類漫長的歷史中，有許多植物、動物、礦物質，先後成為春藥或魔術咒符。本書所討論的並非「哪種春藥最有效」，而是「哪一個文化圈中使用了哪一種春藥」。只有對春藥有正確的認識，並且對異文化有了正確的理解，有春藥效果的植物才能展現真正的功效。

古代的各種宗教，以及各個文化圈中所使用的神聖植物，近年來都成了藥理學研究的對象，而科學家不但在其中發現許多有效物質，還嘗試將這些物質從植物中萃取出來，摘下這些植物的「神」性，以人工合成這些物質，並在動物身上做實驗；從老鼠身上的效果，他們再推論在人身上可能發生的效果。而這些植物因此從神聖化為世俗，從神明降靈變成機械性功能。但科學家在實驗時，僅採取各個不同文化的春藥，卻切除了春藥與原來文化圈的關係，結果發現這些春藥的有效成分（包括嗎啡、安非他命、古柯鹼）搖身一變成為毒品，造成西歐世界極大的問題與困擾。神聖的植物墮落人間，成為通俗的化學物質後，這些原來在宗教儀式中擔任重要角色的物質，卻變成各個國家嚴重的政治問題。過去的人，在各自的文化圈中，以極度敬畏的心情接觸、使用春藥。但是時至今日，那份敬畏已蕩然無存，所剩下的只是對一種化學物質的濫用而已。

如此下去，神明將從人的身體中完全撤離。如果現在人類的體內仍然存有神明的話，那麼神明最歡喜的滋養莫過於春藥了。有春藥效果的神聖植物，喚醒人類內在的諸神，讓祂們歡喜、快樂。神明的覺醒便是認知，神明的活動便是歡愉，而神明的殿堂就是人類的肉體。

附·錄

春藥與香氣

他們被花香吸引了進來。那不知名花朵的香氣，魅力竟然如此驚人……誰也沒有見過的花朵的香氣。

他們酣飲葡萄酒，並沉醉於酒的香氣中。白天沉溺於葡萄酒與香味，晚上則以葡萄酒和香氣為夢，日益貪婪，則越陷越深，最後耳也不聽、目也不明了。他們居住於與世隔絕的陶醉島嶼上，除了對方，什麼希望、未來也沒有了。

——尼撒彌《雷拉與瑪修奴》

香味有許多種類，有的刺激官能，有的令人迷惑，有的惱人，有的魅力十足。許多男性會因戀人的香水蠱惑，產生幻想，也有男性會執著於某一種特定的香氣。總之，使香味與性之間發生聯想，是人從遠古的老祖宗身上承繼而得的一種本能。植物綻放出香氣，引誘昆蟲前來受粉，動物以身體的氣息，試探伴侶是否有交尾之意。如果沒有性荷爾蒙的作用，想必許多動物便不會有子孫後代了。

根據最近的研究，人類的嗅覺器官與掌管各種荷爾蒙分泌的腦下垂體及生殖器官之間，有連動關係。也就是說，某種氣味可對性行動有直接的影響，或反過來說，某些性行動會使身體製造出特定的氣味。因性而感到興奮的時候，以及月經的期間，身體的氣息便會發生變化。

「女性在月經中，或在排卵日前後，會用體臭來讓男性知道。另外，受過香水味分辨訓練的男性，在無預警狀況下，聞排卵日女性的體臭時，會直覺認為那是一種令人心曠神怡的香味。另一方面，同樣的條件、同樣的味道，女性聞過後，既無快意、亦無不快之意；對女性而言，那是一種中性的香味。」（瑪尼，一九七七年）

嗅覺系統透過神經系統中的神經傳達物質，將感覺傳達至腦部。神經傳達物質會迅速對氣味做出反應，肉體會迅速地產生某種變化。反過來說，當神經傳達物質受到某種化學物質，如二甲色氨的刺激後，嗅覺系統的靈敏度便會顯著增加。嗅味是五種官感中最強有力的，可迅速讓人的肉體及意識發生變化。美國蒙納爾化學物感覺中心的科學家，已針對「終極春藥」展開研究。從幾年前開始，這項研究便進入祕密實驗階段。目前我們僅知其最終產品可能是一種刺激嗅覺的藥物。（達登．史密斯、賽門，一九八三年）。不過，自古以來，便有藥師嘗試做出有春藥效果的香味，尤其在亞洲及東地中海一帶，從太古時代以來，便有各種由能提高官能歡愉的花香做出的香油、塗油、線香。塞浦路斯島上的居民，早在紀元前八世紀便如此謳歌愛神阿佛洛狄忒：

優雅女神葛拉蒂亞和季節女神荷拉為她織衣

沾滿花朵的香氣
阿佛洛狄忒欣然穿上身
飛燕草、三色堇、香味草等纖細的香味誘惑心靈
綻放著長生不老汁香味的薔薇
和有神仙的食物氣息的水仙、百合
一年四季
為阿佛洛狄忒的衣裳添加香味

許多文化圈都將性與嗅覺畫上緊密的連線。過去，占星師、煉金師都會各自調製春藥與有春藥效果的香味。而香水的起源也是從提高性魅力開始的。直至今日仍有許多人相信香味可以治療身體疾病，更相信一些有機香料及春藥對治療性無能是絕對有效的。

許多民間說法都將性器及其分泌物、月經血、精液等的味道，視為春藥，說有刺激性慾的效果。在斯羅維尼亞一帶，男性據說可以用「陰莖的氣味」來吸引女性。一名當地出身的工人，便以毫不掩飾的話語做了如下的表現：

從女人手上拿來一張手帕，用來擦了擦那個，再還給女人。這麼一來，那女人就是俺的啦。（布羅荷，一九〇七年）

女人其實也用同樣的方法誘惑男人。「將蘋果夾在兩股間片刻後，以此為愛的信物，送給喜歡的男性食用。」（前述書）。從這個道理來思考，精液、月經血、陰毛、汗水、愛液等混合的春藥，會有「如魔法一般」的效果，說不定是很有道理的。也就是說，這種春藥其實並沒有經過消化器官，而是經過鼻子，便發生了效果。

波特萊爾在《惡之華》中，將女性的體臭比喻為通往這個世界的樂園之門：

在溫暖的秋夜，閉上眼簾
妳那炙熱胸膛的氣息鑽進我心
在我眼前展開的是一片至福的海濱
女性的美與花朵的力量
為什麼妳們身上會有這麼濃郁的香味
妳們到底是什麼花？

自古以來，世人常將以花朵來比喻女性，而女性也經常以花朵飾身，或用花朵的香味包住自己的身體。不論哪種文化中，花朵一方面代表純潔與再生，另一方面又是墮落的象徵。十字軍以玫瑰為純潔與精神的象徵，玫瑰花開代表神明睿智的啟示。對十字軍而言，玫瑰的地位不亞於聖杯。但是在此同時，自古以來，人們又將花視為原罪與肉慾的象徵。

不論花是純潔的象徵，或是肉慾的化身，自古至今玫瑰都是屬於「相愛的人」的花朵。日耳曼人視玫瑰為愛神弗蕾亞的聖花。贈與玫瑰，是一種告白形式。玫瑰的深紅是愛的顏色，而它的香味則隱喻著愛戀。大情聖卡薩諾瓦會在愛人的裸體上澆上玫瑰水，才開始交合的行為。

不論古今玫瑰花，似都代表女性陰部。例如《閣樓》雜誌的德文版，便出現過女性伸展的長腿之間，誘惑地放置玫瑰花，以隱喻陰部的照片。斯拉夫的民間故事中，有這麼一則令人將玫瑰聯想為陰部的故事：從前，聖彼得與使徒二人在傳道旅行期間，正想到要女人時，剛好遇見兩名美少女。聖彼得覺得她們還不夠美，便與她們擦身而過。沒想到至此以後很久，都不再遇見女性。於是，聖彼得就想，下次遇見女性，就算是老太婆也要了。想著想著，迎面便來了一個腰都直不起來的老婆婆。「老婆婆對聖彼得說：『我跟你上吧。不過你要讓我的那裡發出如樂園花香一般的香味。』」聖彼得答應和她做愛。滿足地辦完事以後，聖彼得在老婆婆的陰部吹了一口氣，果然老婆婆的陰部，升起一股如樂園的花香。他的使徒說：「你果然遵守諾言，不錯。但是只有老太婆的那裡有玫瑰的香味不太妥當，應該讓所有女性的陰部都有玫瑰香味才是。」聖彼得於是對著東方大叫：「所有的女陰，面向插入的東西放香味。」從那以後，所有的女陰都開始有了薔薇一般的香味，而女陰也開始被稱為玫瑰了。（布羅荷，一九〇七年）

民間故事解釋了女性陰部被比喻為玫瑰花，而玫瑰香味又為什麼會有春藥效果的原因。

除了玫瑰，還有許多種花朵都被視為有女性的性魅力象徵。例如在亞洲被視為頓悟象徵的蓮花和蘭花，也都經常與女性陰部形象連在一起。東南亞一帶的民間故事，將蓮花說成魅力十足的少女的化身。而墨西哥人則將熱帶雨林中生長的蘭花取名為陰蘭，有「太陽之母的陰部」的意思。當地的原住民男性會說：「我的妻子身上有陰蘭的香味，讓我全身發熱。」而墨西哥的女性則將陰蘭的果莢視為春藥中的極品，曬乾成茶飲用，或切成碎片或咀嚼，據說可以增加身體的感受力。他們相信陰蘭在身體中消化後，精髓便會流竄至全身，而從皮膚發出香味，直達愛侶的鼻內。

對南太平洋諸島上的女性而言，有香味的花朵和有花味的香水是生活必需品。新海布理迪斯諸島的女性，喜歡將許多香味強烈的花朵及葉子纏繞於腰部，作為裝飾。很多人想到南國島嶼的女性，便會浮現裸露的胸前掛著一串花環的形象。

動物性香料

不知從什麼時候開始，人們開始將各種動物的性腺分泌物，加上刺激官能的香料，當作極為珍貴的春藥使用。十九世紀的法國文獻，甚至明白指出「皮革的香味有春藥的效果」（柯爾本，一九八四年）。

動物性香料中最受歡迎的，大概要數自古以來便與性愛有深厚關係的麝香。在尚未有阿育吠陀醫學時的印度，麝香便被視為珍貴的春藥以及治療百病的萬靈丹。到了阿育吠陀醫學發達以後，麝香更被指定為有春藥效果的強精劑，而廣泛運用於發炎和各種泌尿科的疾病中。當時的人還將麝香與鴉片混合，以提高效果。中東人則將麝香混入葡萄酒中飲用，並視麝香的芬芳為愛戀的氣息。「愛不應是祕密進行的。就好像麝香的芬芳無法隱藏一樣。」（尼撒彌，一九六三年）。在伊斯蘭的樂園中，據說到處都是麝香的芬芳，女性更在身上塗抹麝香的味道，以引誘男子進入地上的樂土。

歐洲人開始使用麝香，是在文藝復興期開始。「麝香和緊身內衣的效果大略相同，都是為了增加女性的性魅力」(柯爾本,一九八四年)等到性道德日趨嚴謹的近世、近代,麝香的社會地位曾一度消沉,一直到六〇年代,才因為嬉皮對印度文化的再發現而再度受到重視。當時的嬉皮很喜歡將麝香當作春藥,混入馬利皇納香菸吸食。

最近化學家、性學家分析麝香後,發現它果真有一種引誘異性的物質:外激素(Pheromone)。在部分的劇場座位上預先塗抹麝香後,讓觀眾(女性)任意選擇座位,結果選擇有麝香座位的人超過選擇沒有味道的座位(雷爾,一九八三年)。麝香的氣味與男性荷爾蒙相似,實驗結果也證明,女性對麝香與對男性荷爾蒙的反應是類似的。人體有性方面的興奮反應時,從頭皮也會發出如麝香一般的氣味(漢克萊恩,一九八五年)。然而,麝香到底是什麼東西?

在喜瑪拉亞山麓,生長一種名為卡斯土利的麝香麋鹿。雄的麝香麋鹿在發情期間,生殖器與肛門之間的一個腺體,也就是麝香囊,會分泌出一種有香味、含有麝香酮的物質,其化學式為C16H300,可吸引雌麋鹿接近(雌麋鹿本身不分泌這種物質)。

常年,獵人為採麝香,不惜濫捕發情期的雄麋鹿,並取出其麝香囊,使得麝香麋鹿已瀕臨絕種。科學家雖已可以人工合成的方式製造麝香酮,但因其合成的過程複雜,成本過高,至今無法大量製造。

除了麝香麋鹿以外,還有一些動物也能分泌出一些麝香酮濃度的麝香,如麝香牛(Oribos

moschatus）、麝香鼠（Ondatra zibethicus, Neofiber alleni）、麝香墨魚（Eledone moschata）、麝香扁虱（Aromia moschata）、麝香鴨（Cairina moschata），以及只有澳洲才有的麝香袋鼠（Hypsiprymnodon moschatus）、麝香龜（Sternotherus-Arten）。

另外，還有一些植物，也會發出與麝香類似的香氣：如五福花屬植物（Adoxa moschatellina）、麝香槿（Abelmoschus moschatus）、麝香木（Guaria grandiflora, Eurybia argophylla, Euryangrium spp.）、阿魏屬植物（Ferula moschata）等。當歸屬植物（Angelica archangelica）則不僅能釋放出麝香一般的香味，而且其芳香物質中還含有與麝香酮類似的物質（$C_{15}H_{28}O_{2}$）。

另外還有一種動物性的物質西貝特，化學式與麝香酮類似，存在於伊索比亞的靈貓身上。在阿拉伯語中西貝特有「泡沫」的意思，只能從靈貓的肛門腺取得，和麝香一樣，是高級香水的原料，有刺激性慾的效果。

此外，龍涎香也是自古以來便受到重用的動物性春藥，是從抹香鯨腸內採出的香料。

焚香及香油

焚燒香柱而發出的熏煙，自古以來便與宗教有密不可分的關係，是巫師治病的重要道具，也是占卜者施行魔術時的必要條件。神官為讓神明歡喜，祈禱前必先焚香；巫師為了自己與患者的健康，必燃起杜菘、菸草的煙氣，以求潔淨；魔法師、心靈術師更吸入香煙，提高精神層面，與精靈交心，預言未來。中世紀阿拉伯及歐洲的煉金師，則將熏煙當作將固體火燒為氣體的過程。他們以這個過程為範本，相信自己也能化身為香煙，藉著生命的力量（亦即火的力量），使人的肉體昇華為靈。怛特羅及東洋醫學中，更將香煙廣泛活用於性的領域中，以熏煙促使陰道收縮、陰莖變大，並用來治療男性的性無能及女性的性冷感。希臘人則為提高性慾，焚燒肉桂，以煙香熏房。羅馬人相信鼠尾草有長生不老的功用，焚燒鼠尾草的香煙可提高性慾。（希爾，一八五三年）

如果花朵的香味代表了女性魅力，那麼焚燒的香煙就成了女神的化身。例如，傳說中的阿佛洛狄忒便乘坐著乳香的雲朵來到人間。希臘神話中，對於乳香的誕生，有這樣一則故事：

鍾愛阿波羅的女王雷可蒂亞，因與女兒密通，而被憤怒的父親活埋了。阿波羅為讓雷可蒂亞復活，便在她的屍體上澆以長生不老液，雷可蒂亞的屍體於是搖身一變成為一棵乳香樹，綻放出美麗而芬芳的花朵。

希臘女巫在焚香時，時常於香料中加入有擴張意識作用的植物配料。例如，戴帽爾佛伊的女巫便將曼陀羅的葉子與種子加以焚燒，吸入其香煙，讓自己進入神明附身的狀態，轉述神明所託。這種香氣據說有時也會帶來春藥的效果。這種有擴張意識功用的香氣，過去曾在各文化圈中被廣泛使用。其中效用最強的，可能便是宮廷魔術師艾卡魯豪森所調配的香料了。根據史料，他用的材料包括毒參、天仙子、蘆薈、鴉片、黑罌粟子、顛茄、大茴香、磯杜鵑、沼藤汁。其他的各種焚香使用的材料也多包括在春藥中使用的各種動物、植物性材料，如達米阿納、白檀、人參、聖誕紅、天仙子、毒茄參、肉桂、艾草、菖蒲、鹿子章、廣藿香（菲律賓產紫蘇科）、沒藥、肉豆蔻、黃樟、番紅花、玫瑰、麝香、龍涎香、西貝特。十八世紀的法國出現一種由聖誕紅、天仙子、西班牙金蒼蠅、木蓮等調配而成，有春藥效果的焚香，結果被以「有副作用」的藉口，禁止在市面上出售。（哥爾班，一九八四年）

在比古代希臘、羅馬更為久遠的法老時代，埃及人便已決定分別以不同的香氣禮拜太陽、月亮、行星。這個傳統一直到今天，在占星術、魔術的世界中仍依稀可見。例如，在想要增加情色氛圍時，便使用禮拜金星（維納斯）的焚香。而這種焚香的成分包括了各種神聖的植物，如聖誕紅、大麻、辣椒（種子）、薄荷、絲柏、蘆薈、月桂樹、龍膽、白檀、木蓮、紅瞿麥、款冬、罌粟、紫羅蘭。

維納斯的愛之焚香，不論製作或焚燒，都必須在星期五（金星之日）、屬於維納斯的時日進行，尤不可在星期二（火星之日）、星期六（土星之日）進行。如果不遵守這規則，那麼不但無法發揮香氣功能，反而會讓使用者受害。最有效的維納斯焚香的成分組合如下：

乳香	8
白檀	4
肉桂	4
紫羅蘭根	4
玫瑰油	2
麝香	4
教會使用的香料	15（以此為基礎）

另外一種別名為「消憂香」的焚香，據說效果也非常好，是用茉莉花、紫檀、玫瑰花或玫瑰油、伊朗伊朗油（愛之油）、安息油、龍涎香等材料混合製成，在德國可以郵購的方式買到。至於一些掛著「月之女神」「情熱之火焰」「情色」等商品名的焚香，根據宣傳資料應有春藥效果，但製造業者基於保守商業機密的理由，未肯公開其成分。

阿乃斯．尼恩的情色小說《麗娜》，提到一種效果極佳的日本焚香（可惜作者在書中沒有特別指出該焚香之名稱），據說聞了以後，便會感到全身慵懶，生起淫蕩的念頭。不過，在印度特產店中擺置的麝香、龍涎香，大都為化學合成品，幾乎沒有任何春藥效果可言。

香油與焚香相似，常年以來與占星卜卦保持深厚的關係。自古以來，每個行星與搭配的香油，早有規定。（S．伊瓦諾瓦斯，一九八三年）將守護自己的星座（依照生辰年月日而決定）的香油塗滿全身後，油料與體臭混合而生的味道，據說可以驅避惡靈，接近良靈。幾乎所有這一類的香油，都是在基礎油料（以椰子油或玫瑰油為多）上，混以植物、動物性香料。有春藥效果（屬於維納斯及農神）的油料中，使用的配料，有許多都是在春藥中也使用的植物，如生薑、苦艾、茉莉、白檀、紅瞿麥、肉桂、茴香、芹菜、玫瑰、薰衣草、菖蒲、大茴香、芸香，尤其是混有肉桂、黃樟、假番荔枝草等成分的香油，如果塗抹於頸部或性器官上，據說情色的效果尤其佳。

原產於大洋洲的假番荔枝（Cananga Odorata, Unona Odorantissimun）的花朵，萃取其精華後所製成的伊朗伊朗油，在薩摩亞地方非常受歡迎，成為當地的風俗之一。「這種油料在當地的名稱為發阿巴拉。在兩個成熟的椰子肉上，加上白檀或假番荔枝的花朵，充分揉搓、攪拌後，放在香蕉葉上放個三天左右，然後再加上十個左右的椰子肉，充分攪拌，成為粥狀的爛糊。再讓這團爛糊在香蕉葉上三天，加入更多的椰子肉和白檀或假蕃荔枝花，充分攪拌。如此反覆兩、三次以後，便將爛糊移至太陽下曝曬，讓其油的部分浮現於表面，只要看見油料，便用布將油吸出，移至缽子，反覆進行一直到油全部被吸光為止。將油裝進瓶內，便成為芬芳宜人的香油了。」（希得羅普，一九二五年）。同一本書上，關於香油的使用方法，也有如下的技術：「很多女巫都有自己製作油料的祕方，她們知道如何利用香油那種無法用言語形容的芬芳，喚醒情竇未開的少女情懷。另一方面，女巫也在求婚的老族長鼻中隔內，塗抹香油。當鼻子與鼻子接觸、打招呼（南太平洋諸島的習俗）的時候，少女便能聞到那氣息。」

芳香療法

精油萃取了植物精髓，而散發出濃郁的芳香，充滿了空間，鑽進了人體，讓人心旌搖動。芳香好不吝惜地施與、給人啟示。在芳香中，官能與心靈、愛與真實結合為一體。

——馬丁・漢格林《香味的治癒力》

人類以植物精髓為藥的歷史已久，但是將植物療法當作一種科學的學門來研究，還是近世以來的事情。經過了阿拉伯的煉金術後，中世紀末期的醫師、化學者才開始在那傳統之上，針對揮發性精油做實驗，潛心研究。十七世紀左右，法國人嘗試將芳香物質吹入患者的鼻子或陰部內，以進行治療。當時的人以為，將物質吹入子宮後，其氣體可以昇華至身體的各個部位，而芳香物質如能以蒸氣的形式進入腦部，可以預防頭痛、憂鬱等症狀。這種治療方法未久便被人推翻，但是利用香氣來治療病痛的實驗並未因此就停頓。

芬芳治療法（Aroma therapy）到了二十世紀的三十年代，經化學家魯納・莫理斯・加特佛的提倡，再度抬頭，並經約翰・維爾聶多年的實驗與努力，終於成為一個獨立的學門。芬芳治療法以「精油通過嗅覺，可讓人體發生變化。因此，如正確使用，可以達到治療效果」的觀點出發，以特定的處方，讓患者在一定的時間內吸入固定的芳香氣息，或以在身上貼上塗布、用放了精油的水洗澡、喝下有精油的茶水等方法，以治療患者的特定疾病。

芬芳治療法的處方，與一般民間療法有許多共通之處，例如，有一種塗精油，自古以來人們便用來溫暖身體、增進體力、提神醒腦、驅除惡靈，因此也用來治療性無能，是一劑用途廣泛的民間藥品。芬芳治療者則將塗精油用來治療性無能。不管治療者把性無能當作一種疾病，或是一種惡靈附身，至少在治療性無能的目的上，與一般民間療法是一致的。

除了上述的精油外，芬芳治療法還廣泛取用了各種民間療法中常用的材料，如玫瑰、老鸛草、柳橙、假番荔枝的花，以及黑胡椒、丁香的萃取液，製成精油，以治療性冷感及無能。尤其茉莉花和玫瑰有促進血液運行、溫暖身體、放鬆精神的作用，作為春藥，效果特別好。有些焚香與精油，主要是刺激神經系統反應，使用適量，有鎮靜、鎮痙、強壯的效果，如增加用量的話，人體則會產生恍惚的幸福感，使精神高揚，肉體放鬆，進而發揮春藥的效用。

芳香治療法中，最明顯會出現春藥效果的，莫過於伊朗伊朗油了。根據漢格林的說法，一個人可以一日三次，每次將一到三滴的假番荔枝油加入蜂蜜、酒類或糖水中飲用。而雷夫·麥茲納則主張在前戲或性交之中，在相互的舌下點上一點伊朗伊朗油，更能享受歡愛。將伊朗伊朗油當作沐浴芳香精使用時，又是一番效果。說起沐浴芳香精，麝香、茉莉、玫瑰油精的效果也非常好。而迷迭香、西洋山薄荷等的葉子一、兩片，與肉桂杆兩根煎煮成茶，飲下後，保證會有一個銷魂的春宵。

能通過嗅覺或鼻子粘膜，對人體產生影響的，尚不止焚香與精油。毒氣、笑氣等，對肉體及精神能影響的氣體，亦即在低溫中呈液狀、在室溫中則會氣化的物質有非常多種類，至今為止，我們對其個別的理解尚且有限。

一七七二年科學家首度成功地用人工合成笑氣。到十八世紀末時，牙科及外科醫生開始用笑氣來麻醉病人，除了醫學者以外，由於被笑氣麻醉的人，事後表示他們在昏睡期間有奇妙而神祕的感受，使得藝術家、哲學家對於這種作用時間短暫、可以讓人感覺輕鬆愉快的氣體，在當時也表示出高度的興趣。

禁忌的歡愉

的確，被笑氣麻醉過後，可能會得到一種類似於使用迷幻藥的體驗，有人覺得進入宇宙旅行，有的則與外星人交訊，還有的感覺靈體脫離、產生幻覺、情色性的緊張、性衝動與興奮。就性衝動與興奮一點來說，這時候會有這種反應，或許與心理性的障礙被麻痺、消除有關。也曾有人將笑氣用於亂交的派對中。排隊參加者嘗試使用大量的笑氣，消除「某種障礙」，或簡單地說，除去肛門擴約肌的緊張，使其放鬆（大多用於男性，但偶爾亦用於女性）。從這個角度來看，笑氣也並非不是擴展性行為可能性的一種手段。

除了笑氣以外，還有數種有機亞硝酸鹽（均屬性質不安定、容易氣化的物質），都有放鬆、緩和擴約肌的作用。從一百年前開始，亞硝酸戊基（發酵戊基酒精的亞硝酸酯）便是狹心症的鎮痛劑、青酸的解毒劑。這種黃色、容易氣化、會發出如水果一般氣味的液體，在空氣及強光下會分解。人吸入亞硝酸戊基的蒸氣後，血管便會急速擴張、使血壓下降，痛感消失。在醫療上，亞硝酸鹽效果卓著，是一種常見的醫用品。不過因時常被人當作毒品濫用，必須有醫生處方，才可在藥房購得。另外，由於其副作用一直無法確知，因此在使用上必須特別小心。

一九六〇年代，也就是可以隨意在藥房購得亞硝酸戊基的年代，很多人為求性愛的快感而服用亞硝酸戊基（艾維列德，一九七五年）。湯瑪斯・P・羅利經過仔細研究以後，發現亞硝酸中含有最接近真正春藥的成分。美國所消費的亞硝酸戊基，至少有二億五千萬劑是作春藥。在即將到達性高潮之前吸入亞硝酸戊基可使高潮感持續不去，並昇華至一種「宇宙性的」超級經驗。據說吸入以後黃色的點會變成黃色輪狀的幻象，宇宙全體則在溫暖的紅色中發出光輝。（羅利，一九八二年）。如選擇在前戲時吸入，有女性表示可將意識完全集中與性侶身上，而在下半身的緊張完全退去後，感性更為增加，而提高了快感。

由於吸入亞硝酸戊基可達到鬆弛肛門擴約肌、提高情色氣氛、消除或緩和肛交時的痛苦（不僅陰莖，用手指、震動器插入時亦同）的效果，因此特別受到舊金山、阿姆斯特丹、慕尼黑一帶同性戀者的歡迎，並在亂交派對中大量使用。（雷文，一九八三年）

硝酸丁基及硝酸別丁烯雖然不似亞硝酸戊基那麼強烈，但在溫和中也顯現出類似的效果，兩者均可在美國的性趣店中，以「宇宙噴霧器」「香水」等商品名購得。由於沒有如亞硝酸戊基一般的副作用，因此數年前也開始在德國上市，雖後來經法院判決，再度成為禁藥，但是作為一種民間流傳的藥品使用，則顯得人氣不衰。

反春藥與制淫劑

十二世紀的修女海德嘉爾・賓根，曾將她豐富的動植物及礦物藥效上常識，著作成書，傳給後人（慕尼勒，一九八二年）。由於身為修女，賓根必須切斷所有與性相關的念頭。為不遭聖安東尼斯所體驗過的經驗襲擊，她必須與春藥對抗。自古以來在愛之魔法中多所使用的古典春藥毒茄參，對賓根而言，無疑是惡魔的化身。對她而言，生命的使命便是開發出藥品，以對抗這些關閉天國之門的邪惡力量。因此，她勸告世人，當受到毒茄參的誘惑時，應在身上貼上用七根金雀花的嫩枝、纖細老鸛草（Geranium robertianum）的葉子數枚，以及錦葵葉二枚的煎汁，所作成的膏藥。這膏藥是否真能達成期待的效果，非常令人質疑，因為根據嬉皮的實驗報告，錦葵葉中含有誘發幻覺及春藥效果的物質（修特斯、豪夫曼，一九八〇年；修塔克，一九八四年）。至於纖細老鸛草，其精髓經常被當作性的興奮劑，使用於芳香治療法中（漢格林，一九八五年）。不過，或許賓根是在「以毒攻毒」的想法下，才想到用春藥（錦葵及纖細老鸛草）來制衡春藥（毒參茄）。或許有人應該做個實驗，證實一番：毒參茄與錦葵及纖細老鸛草合併使用時，會帶來相乘或相減的效果。

另外，亞歷山大．班奈狄克特斯提出了用護身符來對抗春藥的方法。他相信用狼的右睪丸摩擦黃水晶後，浸於玫瑰水或玫瑰油中少許時分，取出後做成指環，戴在身上，便能令人從心中感受到性的誘惑，從而發動護身符，使自己覺得噁心。這種方法顯然與發動個人內心的犯罪意識很有關係。

反春藥的目的在中和春藥作用，也就是要消除春藥的效果。例如，樟科植物（Cinnamomum comphora）有治療西班牙金蒼蠅中毒的作用。而劇毒的毒參花朵與葉片卻有「鎮靜、鎮痛、鎮痙、反春藥」的效果（恩格爾，一九八二年）

然而，最強有力的反春藥，可能莫過於菸草了。尼古丁有強力使血管收縮的作用，不但對身體整體的健康有損害，而且也會妨礙到生殖器官內的血液流通，從而降低性能力。很多菸不離手的人，從年輕開始便失去性功能，而向來不抽菸的人，偶然吸菸，大都會明顯地有性趣喪失之感。習慣抽菸者的性慾則會隨著尼古丁逐漸侵入身體，不知不覺中低落。另外，吸菸者的口臭也可以說是一種反春藥。此外，香菸與大麻共同吸食時，其降低性慾的效果尤其明顯。一般人吸食大麻與其他植物（金雀花、曼陀羅、款冬）混合的菸草時，大都會感到性慾亢奮，但是如果在其中加入了香菸的菸草，那麼吸食者便幾乎不會感到任何性的刺激。換句話說，大麻的作用，被尼古丁的血管收縮作用所中和，其主要成分的THC無法到達身體的各個部位。

既有植物性的反春藥，自然也有動物性的反春藥。服食青蛙或河馬皮膚磨成的粉末，據說有冷卻炙熱身體、抑制性慾的作用。同時，要壓抑性慾，有時候並不需要仰賴藥物。華特·班亞明曾說過：「沒有比事前剎車更有效的反春藥了。」他的話令人想起思春期的男孩，在不可思議的地點與時刻突然勃起，猛力地讓自己的心思集中於數學功課上的模樣。這時候，數學問題便成為最偉大的反春藥了。

春藥用量難掌握

有不少物質，端視使用份量的多少，可以成為春藥，但也可搖身一變成為反春藥。鴉片、海洛英、酒精便是這類物質中最具代表性。另外，鎮靜劑、精神安定劑、安眠藥、嗅苯化合物、磺胺劑，化學分子結構或許各異，但是藥理作用卻極為相似；少量使用時，會使人感覺放鬆，心情愉快，中量使用時，會讓感覺怠惰、想睡覺，而多量使用時，則會使人失去意識。這類藥劑偶爾服用或許不會損害健康，但經常服食者，便會產生依賴、慢性中毒現象。儘管所有上述藥品不論在全世界的哪個角落，均屬於管制藥品類，但長期以來卻可說是全球最暢銷藥品，在各地製造了不少問題與中毒患者。這類藥劑少量服用，可延長射精的時間，並減少犯罪意識，使人能輕易屈服於誘惑之下，因此不少人主張應歸類於春藥。然而，當不慎過量時，這些藥品卻可使人暫時性無能，或產生性慾低下、生理倦怠等性機能障礙，成為一種反春藥。

（布希，一九八〇年）

誘發幻覺性的精神藥劑，也可因用量的多寡，產生春藥或反春藥性的效果。例如根據實驗，一次使用四十到一百五十毫克的迷幻藥時，個人的體力、精力都會明顯亢奮，觸覺的敏感度增加，非常享受性愛。但如一次使用二百五十到一千七百毫克，其春藥效果幾乎完全不見，心情被一個比宇宙還要浩瀚的壯大現象所吸引。參與實驗的對象表示：「使用迷幻藥後，變得完全性無能。但藥物效果一過，這種暫時性無能的現象便會消解。」而根據實驗對象自己的解釋，這種暫時性的無能現象「恐怕和孩童時期便深植內心、對性的犯罪意識，因藥物而再度被喚醒，有很大的關係。」

墨西哥的麥斯提索人（原住民與西班牙人的混血），以及當地的非契爾族，將番曼陀羅及毛曼陀羅等植物，不但當強力春藥，而且當反春藥來使用。（迪亞斯，一九七九年）。當妻子被虐待或發覺丈夫有外遇時，便將一小撮曼陀羅的葉子或種子一小撮混入丈夫的咖啡中，加入很多糖，讓咖啡的苦味與砂糖的甘甜蓋過藥味。三十分鐘後，丈夫便開始頭昏，有時不勝體力，失去意識。當他再度醒來時，會完全失去對女人的興趣，連續好幾個星期都因為身體中存留著過多的生物鹼，而感到頭腦昏沉、身體不適。（霍爾，一九七七、一九七八年；強生，一九七七年）

有若干植物，如蛇麻草、甘草、南美的蕃薯科，含有女性荷爾蒙的雌性激素，可使女性精神愉快，並刺激其性慾，相對地，對男性便有抑制性慾的作用。甚至有一些含有女性荷爾蒙的植物，可用來改變男性的性向。

純潔的百合

所謂制淫劑，就是阻礙性能力的藥劑，通常存在於有鎮痛、鎮靜、抗膽鹼作用，或降血壓、收縮血管的藥品中。使用制淫劑，多半是為了要抑制性慾，造成性無能或不妊（維尼格等人，一九八二年；瓊斯等人，一九八二年）。在西洋醫學史上，制淫劑經常使用於性慾異常強盛者的身上。妻子覺得丈夫索求無度，令她感覺無法消受時，有時會求助於制淫劑。而醫師則對將制淫劑投於性犯罪者身上，特別有興趣。經實驗證明，治療性犯罪者除了去勢、投以性慾抑制荷爾蒙以外，便以令其服食硝酸鈣效果最佳了。不論從監獄典獄長或醫院管理者的角度來看，讓犯罪者或病患服用最強力的制淫劑，可以減少管理期間的問題，因此甚至有傳說，監獄或特殊醫院經常在食物中混以結晶碳酸納，以降低他們的性慾，不過這種說法真偽難辨。

視禁慾為美德的宗教僧侶，為緩和內心的鬥爭與痛苦，時常主動尋求制淫劑的幫助。例如佛教中有不少教派視百合為純潔的象徵。事實上，百合的制淫效果十分突出。歐洲人也一向視百合為純潔的代表，想來與其制淫效果脫不了關係。如何將百合製成制淫劑是僧侶之間的祕密，不得為外界的俗人所知。古代希臘的素食齋戒者，為洗滌身體內的煩惱，時常使用穗花牡荊（Vitex agnus castus），而中世紀的修道士則將穗花牡荊熬湯，每日飲用，以嚴守戒律。穗花牡荊因此得到「修道士之胡椒」「純潔小羊之木」的別名。

至於不想禁慾的人，最好少碰下列的食品與植物，食用過多的萵苣（含有嗎啡）、黃瓜、菊苣，會減低性快感。在阿拉伯世界，一般認為多飲埃及豆與蜂蜜混合的飲料，會產生性冷感。更有很多人說，喝多了咖啡以後，會有性慾減低的副作用。

鹿子草與寬葉香蒲混合使用，一般被認定是效果極高的春藥，但單獨使用，或與蛇麻草、西洋山薄荷合併使用，尤其在用量極大時，反而會鈍化快感，使男性延遲射精，在還沒有達到性高潮時便不勝體力而睡著。

金銀花的種子古來有「惡魔的果實」之稱，吃食後不但會有嘔心的感覺，而且會產生制淫的效果。在醫理上，似乎有阻礙血液流動至性器官的效果。中國扁豆（Dolichos umbellatus）自古以來便受珍視，認為它有讓人長生不老、並「燃起熱情」的藥效（修塔爾克，一九八四年）。另外，白睡蓮（Nymphaea alba）的花瓣熬煮成的汁，或萃取的精髓，以及萵苣、錦葵、鈴蘭、菊苣，也都有冷卻身體的作用，因此也被當作制淫劑來使用（戴文波特，一九六六年）。根據普理尼斯的說法，白睡蓮不僅會使性慾減退，而且會使性慾完全消失達一星期之久。如連續服食四十天以上，將完全失去性功能，或者無能或不妊。

有一種北美洲所產的黃芩（Scutellaria lateriflora）作成的茶葉，有鎮靜及制淫的作用。另外還有經常被拿來比喻女性的性器的柳花、散沫花、桱，也有反春藥或制淫的效果。花粉、蜂蜜等一般被認為是滋養強壯、有強精作用的食品，但是食用蜜蜂本身，則可能會招致不感、不妊，女性以規避為宜。

春藥使用植物一覽表

本書敘述中所能網羅到的春藥用植物畢竟有限，僅將最重要的、從比較文化的觀點比較有趣的挑選出來，做出討論。下表則將本書中未及討論、而現代常識所知的春藥，盡量羅列出來。本表格未能蒐羅的植物種類尚有許多，尤其熱帶雨林中的植物，不論在植物學或藥理學上，人類未知的部分仍然甚多，期待往後有更多的研究。

學名	名稱	使用方法	使用文化圈
Abutilon indicum	磨盤草（冬葵子）	種、根：茶	菲律賓
Acacia albida	微白金合歡（白栲）	根：咀嚼	非洲
A. Campylacantha	金合歡屬的一種植物	樹皮：咀嚼	非洲
Aceranthus sagittatus		根、葉：茶	中國
Aceras hircine	零餘子草（屬）	球根	歐洲
Achillea lanulosa	蓍屬的一種植物	葉、莖	新墨西哥
A. millefolium	蓍屬的一種植物（羊蓍草、千葉蓍）	葉、莖：茶	巫術

學名	名稱	使用方法	使用文化圈
Achyranthes aspera	土牛膝（倒扣草）	葉、莖：服用	中國
Aconitum carmichaeli	烏頭	根：服用	中國
A. chinense	華烏頭	根：服用	中國
A. fischeri	薄葉烏頭	根：服用	中國
A. napellus	烏頭（歐烏頭）	根：塗藥	歐洲
Acorus calamus	菖蒲（白菖）	根、莖：咀嚼、茶葉	世界各地
A. gramineus	金錢蒲（石菖蒲）	根、莖：服用	中國
Adenophora polymorpha	石沙參	根：精煉	中國
A. verticillata	沙參	根：茶葉、粉末	中國
Adiantum capillus-veneris	團羽鐵線蕨	葉、莖：茶	歐洲
Aeschynome pruriens	田皂角		印度
Afromomum granum		樹皮：茶、咀嚼	非洲
A. melegneta		種、根：服用	非洲、巫術
Afrormosia laxiflora	非洲紅豆樹屬	根：茶	非洲
Agaricus ostreatus	傘菌的一種（香華料）	全體：食用	東歐洲
Agelaea trinervis	栗豆藤	根、葉：茶	中國南部

學名	名稱	使用方法	使用文化圈
Alchornea floribunda	山麻桿屬	樹皮、根：浸入酒中	非洲
Aletris farinosa	粉條兒菜屬	根、莖：精煉	北美
Aleurites triloba	油桐（屬）	果、樹脂：食用	東南亞
Allium fistulosum	大蔥	種：食用	中國
A. porrum	韭蔥洋葱	全體：食用	南歐
A. Sativa	蒜	球根：食用	世界各地
Aloe perfoliata	蘆薈	葉、莖：服用	印度
Alpinia officinarum	高良薑	根：與牛奶併服	阿拉伯
Alstonia scholaris	（糖膠樹）黑板樹	樹皮：茶	東南亞
Amanita muscaria	捕蠅蕈（鵝膏）屬的一種植物（毒蠅蕈）	全體：食用、吸食	北半球
A. Pantherina	豹斑鵝膏	全體：食用	西伯利亞
Amaranthus blitum	莧	果：食用	中國
A. viridis	皺果莧（野莧菜）	樹幹：塗抹用藥	非洲
Ampelopsis japonica	白蘞		中國
Anacyclus pyrethrum	回環草屬的一種植物	花、樹皮：浸入酒中	阿拉伯

學名	名稱	使用方法	使用文化圈
Anamirta cocculus	阿納畝特屬的一種藤本植物	種子、果實：食用	印度
Ananas comosus	鳳梨	果實：精煉	安提爾群島
Anandenathera colubrina		種：茶葉	玻利納亞
A. peregrina		種：嗅煙	亞馬遜
Anemopaegma arvense		葉、莖	西伯利亞中部
Anethum graveolens	前胡（蒔羅）	葉、莖、種：服用	中歐
A. sova	前胡屬的一種植物	種：加入牛奶中	印度
Angelica archangelica	當歸（屬）	根、莖：茶、焚燒	歐洲
A. polymorpha	拐芹	根：茶、服用	中國
A. sinensis	當歸	根：茶、服用	中國
Annona senegalensis	番荔枝（屬）	根：食用	非洲
Ansellia gigantea		根、莖：食用	非洲
Apium graveolens	旱芹（芹菜）	種、根：食用	世界各地
A. petroselinum	芹	葉、莖：食用	中歐
Aplectrum hyemale		根：護身符	巫術
Aquilaria agallocha	印度沉香	樹脂：服用	北美
Canadensis	沉香的一種	種子：服用	北美

學名	名稱	使用方法	使用文化圈
Malaccensis	沉香的一種、馬來沉香	樹幹、皮：服用	中國
Vulgaris	沉香的一種	根、種：茶	中歐
Areca catechu	檳榔	種子：咀嚼	亞洲
Argemone mexicana	薊罌粟	葉：吸食	墨西哥
Argyreid nervosa	美麗銀背藤、脈葉朝顏	種：服用	夏威夷
Ariocarpus retusus	白面子果掌屬（一種仙人掌植物）岩牡丹	全體：服用	墨西哥
Aristida sieberiana	西伯利亞三芒草	全體：煮食	非洲
Aristolochia reticulata	馬兜鈴	根：服用	
A. rotunda	馬兜鈴		南歐
A. serpentine	蛇馬兜鈴	根：服用	北美
Artemisia abrotanum	蒿屬的一種植物	葉、莖、根：茶葉	中歐
A. absinthium	蒿屬的一種植物、歐洲艾	葉、果：精煉	歐洲
A. campestris	細葉山艾	葉、莖：茶	中歐
A. keiskea	菴蒿	種：服用	中國
A. vulgare	艾	葉、莖：茶	希臘

學名	名稱	使用方法	使用文化圈
Artocarpus communis	麵包樹（的一種植物）	種、葉：食用	中國
Asarum europaeum	歐洲細辛	根：食用	歐洲
A. sieboldii	薄葉細辛	根：食用	中國
Asparagus lucidus	天門冬	球根：食用	中國、日本
A. racemosus	天門冬（屬）	果：服用	印度
Aspidosperma quebracho	白樫木屬的一種植物	樹皮：茶、精煉	南美
Asteracantha longifolia	水蓑衣（屬）	果：食用	印度
Astragalus glycyphyllos	黃蓍		中國
A. hoantchy	黃蓍	根：服用	中國
Atractylis ovata	黃蓍	種：服用	中國
Atropa belladonna	顛茄	全體：茶、吸食	中、南歐
Aucklandia plataifolia	雲木香	油：服用	中國
Avena sativa	燕麥	種：食用	世界各地
Balanites aegyptiaca	橡形木屬的一種香木	根：煮、飲用	非洲
Balanophora involucrata	筒鞘蛇菰	全體：食用	馬來半島
B. sp.	蛇菰類	根：茶葉、精煉	蒙古
Bambus spp.	竹類（蓬萊竹類）	（矽）酸：食用	印度

學名	名稱	使用方法	使用文化圈
Banisteriopsis caapi	金虎屬科的植物	葉、莖：精煉	亞馬遜
B. inebrians	毒藤	葉、莖：精煉	亞馬遜
B. rusbyana		葉：精煉	亞馬遜
Bassia latifolia	霧冰藜	種：與牛奶一起服用	印度
Banhinia rufescens	小葉羊蹄	根：服用	非洲
Biophytum apodiscias	感應草	葉：服用	非洲
Boerhavia diffusa	黃細心	根、莖：敷於腳上	印度
B. verticillatta	黃細心屬的一種植物	根：飲用、食用	非洲
B. procumbens	黃細心屬的一種植物	根：食用	印度
Bombax ceiba	木棉	根部：以冷水浸泡	菲律賓
Borassus aethiopum	扇椰子	種、根：作成醬	非洲
Boschniakia glabra	肉蓯蓉	全體：食用	中國
Boscia angustifolia		根部：咀嚼	非洲
B. senegalensis		根部：食用	非洲
Botrychium lunaria	扇羽陰地蕨		中歐
Brassica eruca	芥（藍）	全體食用	中南歐
B. oleracea capitata	甘藍，高麗菜	葉、莖：食用	斯拉夫

學名	名稱	使用方法	使用文化圈
Brugmansia arborea	曼陀羅木質的一種植物	葉、種：服用	墨西哥
B. aured	曼陀羅木屬的一種植物	葉：茶	南美
B. candida	曼陀羅木屬的一種植物	葉：吸食	南美
B. X insignia	曼陀羅木屬的一種植物	葉、種：服用	亞馬遜
B. sanguinea	曼陀羅木屬的一種植物	葉、種：服用	安第斯
B. suaveolens	曼陀羅木屬的一種植物	葉、根：精煉	中、南美
B. vulcanicola	曼陀羅木屬的一種植物	葉：精煉	哥倫比亞
Bryonia alba	白瀉根	根：護身符	中歐
Bumelia lanuginosa	山欖科植物	果實：食用	加勒比海諸島
Cacalia cordifolia	蟹甲草屬的一種植物	葉、莖：茶	墨西哥
Calamintha graveolens	新風輪菜屬的一種植物	種、葉：吸食	中近東
Calamus draco	省籐屬的一種植物	樹脂	北美
Calea zacatechichi	墨西哥夢境草	葉：茶	墨西哥

學名	名稱	使用方法	使用文化圈
Calotropis procera	牛甋屬	根：煎汁	非洲
Camellia thea	山茶	葉：精煉	中國
Cananga odorata	依蘭（香水樹）	油：服用	薩摩爾
Canavalia maritime	濱刀豆	葉：吸食	中南美
Cannabis indica/sativa	大痲	花、葉、樹脂：吸食	世界各地
Capsicum annuum	番椒（番薑）	果實：服用	世界各地
Capsicum frutescens	辣椒	果實：服用	世界各地
Carapa procera	卡瑞帕屬的一種植物	油	非洲
Carica papaya	蕃木瓜	根：煎汁	非洲
Carnegiea gigantea	巨柱仙人掌（巨仙人柱）	全體：茶	北、中美
Carpopogon pruriens	倒鈎毛黧豆	服用	印度
Carum carvi	細葛縷子		印度
Cassia surattensis	決明屬的一種植物	樹皮（根）：做成醬	非洲
C. sieberiana	決明屬的一種植物	根：服用	非洲
Costus spectabilis	閉鞘薑（屬）	樹幹：咀嚼	非洲
Catha edulis	裸實屬的一種植物	葉、莖：咀嚼、茶	非洲、阿拉伯

學名	名稱	使用方法	使用文化圈
Catharanthus lanceus	長春花屬的一種植物	葉、莖	北美
C. roseus	長春花	葉：吸食	非洲
Ceiba pentandra	吉貝	樹皮、葉、根：茶	中國
Celosia cristata	雞冠花	種：與牛乳併服	亞洲
Centella asiatica	積雪草（雷公根、蚶殼草）	葉：茶	印度、南非
Ceratotheca sesamoides		根：榨汁飲用	非洲
Cereus grandiflorus	山影掌屬的一種仙人掌植物	花：精煉	墨西哥、加勒比海諸島
Cestrum laevigatum	夜香樹屬的一種植物	葉：吸食	巴西
Chamaecyparis thyoides	美國尖葉扁柏	油：服用	北美
Chelidonium majus	白屈菜	根、莖、葉：茶，調入酒中	南歐
Chrozophora senegalensis		粉末	非洲
Chrysanthemum cinnerariifolium	茼蒿（除蟲菊）	葉：塗抹用藥	阿拉伯
C. sinensis	茼蒿屬的一種植物	花：浸泡於酒中	中國
Cinnamomum cassia	肉桂（箘桂）	果實：服用	中國
C. zeylanicum	錫蘭肉桂	樹幹：服用	南歐、亞洲

學名	名稱	使用方法	使用文化圈
C. loureiroii	肉桂	樹皮：服用	印尼
Cirsium japonicum	小薊	葉、莖：茶	韓國
Cissus populnea	白粉藤	根：飲用	非洲
Cistanche salsa	肉蓯蓉	全體：食用	中國
Citrus aurantium	酸橙	果實：榨汁	安提爾群島
C. ichangensis	宜昌橙	種子：服用	中國
Clidemia setosa		葉、莖：茶	墨西哥
Cnidium monnieri	蛇床（芎藭）	種子：服用	中國
Cocculus cordifolius	木防己屬的一種植物	服用	印度
Cocos nucifera	可可椰子	油	南海諸島
Codonopsis pilosula	黨參	根	中國
Coffea arabica	小果咖啡（咖啡樹）	種：飲用	世界各地
Cogswellia daucifolia	狹縫芹屬的一種植物	種：服用	北美
Cola cordifolia	可樂果屬的一種植物	果實：飲用	非洲
C. nitida	可樂果屬的一種植物	果實：飲用	非洲
Coleus blumei	鞘蕊花（彩華草）屬的一種植物	葉：吸食	墨西哥

學名	名稱	使用方法	使用文化圈
Combretum kerstingii	風車子（藤訶子）屬的一種植物	根：焚燒	非洲
C. velutinum	風車子（藤訶子）屬的一種植物	根：咀嚼	非洲
Commelina sp.	鴨跖草類	葉、莖：茶	納瓦荷印地安人
Commiphora molmol	沒藥	樹脂：茶	非洲、加勒比海諸島
C. opobalsamum	沒藥	花：茶	非洲、加勒比海諸島
Conium maculatum	毒參	葉、莖、根：茶	希臘
Cordyceps sinensis	冬蟲夏草	全體：服用	中國、西藏
Coriandrum sativum	芫荽（胡荽）	種子	歐洲
Cornus officinalis	山茱萸		中國
Cortex granati	石榴根皮	種：服用	希臘
Corynanthe yohimbe	非洲育希比	樹幹、皮：精煉	非洲
Coryphanta macromeris	仙人球	全體：食用	北美
Coumarouna odorata	零陵香豆	種子	委內瑞拉
Crocus sativus	番紅花	花：茶；加入酒中	歐洲
Croton triglium	巴豆	油：服用	中國

學名	名稱	使用方法	使用文化圈
Cucumis prophetarum	香瓜屬的一種植物	樹幹：與肉汁一起飲下	非洲
Curculigo seychellensis	仙茅屬的一種植物	根：煎汁	塞歇爾諸島
Curculigo orchioides	仙茅	根：服用	印度
Cucurbita pepo	南瓜	種：食用	南歐
Cuminum cyminum	孜然芹	種：茶葉	巫術
Cuscuta japonica	金燈藤（日本菟絲）	種：服用	東南亞
C. sinensis	菟絲子（菟絲、無根草）	種：服用	中國
Cyathostemma micranthum	杯冠木屬的一種植物	葉、莖、樹皮	寮國
Cyclamen europaeum	歐洲仙客來		歐洲
C. neapoletanum	仙客來屬的一種植物	葉、莖：服用	英國
Cymbopogon nardus	香茅	根：精煉	安提爾諸島
Cynara cardunculus	刺菜薊	根：精煉	歐洲
Cynomorium coccineum	鎖陽屬的一種植物	根	蒙古
Cynsorchis sp.	莎草蘭類	球根：煮、飲用	希臘
Cyperus esculentus	莎草屬的一種植物	加入牛奶中	非洲

學名	名稱	使用方法	使用文化圈
Cypripedium pubescens	杓蘭屬的一種植物	根：加入酒中	北美
Cytisus scoparius	金雀花	花、種：茶、吸食	中歐
Datura alba	（白）曼陀羅	全體：吸食、服用	中國
D. ceratocaula	曼陀羅屬的一種植物	葉：吸食	墨西哥
D. fastuosa	曼陀羅花	葉、種：服用	阿拉伯
D. ferox	曼陀羅屬的一種植物	葉、種：服用	安第斯山
D. inoxia	手曼陀羅	全體：茶、吸食、其他	北美、中美
D. metel	洋金花（紫花曼陀羅）	花、葉、種：吸食	印度
D. stramonium	番曼陀羅（美洲曼陀羅）	全部：服用、吸食	歐洲
Daucus carota	野胡蘿蔔（胡蘿蔔）	根、種：服用	希臘
Detarium senegalense	莢髓蘇木	根：茶	非洲
Dichrostachys glomerata		樹幹：咀嚼	非洲
D. mutans		根：焚燒	非洲
Didymopanax morototoni		根：咀嚼	安提爾群島

學名	名稱	使用方法	使用文化圈
Dieffenbachia seguine	花葉萬年青（白柄黛粉菜）屬的一種植物		順勢療法
Dioscorea spp.	薯蕷類	球根、葉：食用、茶	墨西哥
D. japonica	日本薯類（薄葉野山藥）	球根：服用	中國
Dryobalanops aromatica	龍腦香	樹脂：外用	中國
Dubiosa hopwoodi		葉：咀嚼、吸食	澳洲
D. myoporoides		樹皮：榨汁飲用	澳洲
Durio zibethinus	榴蓮	果、種：榨汁飲用	澳洲
Echinacea angustifolia	紫松果菊屬	根莖：茶	歐洲
Echium sericeum	藍薊屬	幹：服用	葉門
Elaphomyces cervinus	大團囊菌屬	全體：食用	中歐
E. granulatus	大團囊蘭屬	全體：食用	
Elentherococcus senticosus	刺五加	根：精煉	西伯利亞
Elettaria cardamomum	小豆蔻	種：服用	印度、阿拉伯
Emblica officinalis	菴羅果	球根：食用	印度
E. myrabolans	菴羅果屬的一種植物	葉、莖：塗抹	印度

學名	名稱	使用方法	使用文化圈
Entada Africana	非洲榼藤子	根：煮、飲	印度
E. pachyclada	榼藤子屬	葉、莖：加入牛奶、煮	阿富汗
Ephedra vulgaris	麻黃屬	葉、莖：服用、茶	中國
Epimedium macranthum	雪白淫羊藿	根：服用	東南亞
Epithelantha micromeris	月世界（仙人掌類）	果實：食用	墨西哥
Eridium japonicum		全體：服用	中國
Eryngium aquaticus	水刺芹屬	根：精煉	北美
E. campestre	水刺芹屬	根：茶	歐洲
E. maritimum	水刺芹屬	根：茶	歐洲
Erythrina americana	北美刺桐	種：服用	墨西哥
E. coralloides	珊瑚刺桐	種：服用	加勒比海諸島
E. indica	印度刺桐、刺桐	根：精煉	印度
E. senegalensis	刺桐屬	根：食用	非洲
Erythroxylum catuaba	古柯屬	樹皮：加入酒精中	巴西
E. coca	古柯屬（高卡）	葉：咀嚼、吸食	安第斯山
E. novogranatense	爪哇古柯（爪哇高卡）	葉：咀嚼、吸食	安第斯山

學名	名稱	使用方法	使用文化圈
Eschscholzia californica	花菱草（金英花）	葉、莖：吸食	加州
Euchresta horsfieldii	山豆根	種子：食用	菲律賓
Eucommia ulmoides	杜仲	樹皮：精煉	中國
Eugenia caryophyllata	番櫻桃屬（丁香）	花：食用	亞洲
Eupatorium fortunei	佩蘭（香草、香水蘭）	葉：茶	東南亞
E. triplineroe	佩蘭（澤蘭）屬	葉、莖：茶	塞歇爾諸島
E. purpureum	佩蘭（澤蘭）屬	葉、莖：茶	北美
Euphorbia helioscopia	澤漆	葉、莖	歐洲
E. lancifolia	澤漆屬	葉：茶	瓜地馬拉
E. sudanica	澤漆屬	樹液：食用	非洲
E. sudanica	澤漆屬	樹液：食用	非洲
Evolvulus alsinoides	土丁桂	樹幹：食用	非洲
Fagara xanthoxyloides	崖椒	根：食用	非洲
Feretia canthioides	血楂木屬	根：食用	非洲
Ferula asa foetida	阿魏	根、莖、葉：茶、食用	西藏
Ficus capensis	榕屬的一種植物	果實：食用	非洲

學名	名稱	使用方法	使用文化圈
F. carica	無花果	果實：食用	南歐
F. gnaphalocarpa	榕屬的一種植物	根：汁、擦身	非洲
Flacourtia cataphracta	刺 木（羅旦梅）	服用	印度
Fluggea virosa	白飯樹	根、葉	非洲
Foeniculum foeniculum	茴香屬	種、球根：食用	歐洲、亞洲
F. vulgare	茴香（懷香）	油：茶	歐洲
Fraxinus americana	美國白蠟樹	種：食用	北美
F. excelsior	歐洲白蠟樹		歐洲
Fritillaria pyrenaica	貝母樹屬	球根：食用	南歐
Galedupa arborea		全體：服用	印度
Ganoderma lucidum	靈芝	全體：食用	中國
Gardenia erubescens	梔子屬	根部：焚燒	非洲
G. sokotensis	梔子屬	根部：食用	非洲
G. triacantha	梔子屬	根、樹皮：咀嚼	非洲
Gastrodia elata	高赤箭	球根：服用	中國
Gelsemium sempervirens	斷腸草屬	根：精煉	中近東
Gendarussa vulgaris	駁骨草（尖尾鳳）	食用	印度

學名	名稱	使用方法	使用文化圈
Genista canariensis	染料草屬	花、種：茶、吸食	南歐
Glycyrrhiza echinata/ glabra	甘草／洋甘草屬	根莖：咀嚼、茶葉	世界各地
Gmelina arborea	雲南石梓	果實：食用	印度
Gomortega belgraveana		葉、樹皮：服用	馬來半島
Gossypium herbaceum	草棉	樹皮、根：服用	中國、美國
Gratiold officinalis	水八角屬	葉、莖：煮	俄羅斯
Grewia villosa	扁擔桿	葉：咀嚼	非洲
Guaiacum sanctum	神經癒瘡木	樹皮、幹：精煉	墨西哥
Guiera senegalensis		根：咀嚼	非洲
Gymnosporia senegalensis	美登木屬	根：咀嚼	非洲
Hedysarum gangeticum	岩黃蓍屬（大葉山螞蝗）	葉、莖：加入牛奶中	印度
Heimia salicifolia	黃薇屬	葉：服用	墨西哥
Helianthus annuus	向日葵（重瓣向日葵）	種：食用	歐洲
Helichrysum foetidum	蠟菊屬	葉：吸食	南非
Heliopsis langipes	賽菊芋屬	根：精煉	墨西哥
Heliotropium indicum	大尾搖（狗尾搖）	葉、莖：作成醬	非洲
Hemidesmus indicus	印度菝葜	根：服用	墨西哥

學名	名稱	使用方法	使用文化圈
Heracleum sphondylium	獨活屬	種：食用	歐洲
Helleborus niger	嚏根草	葉：吸食	南非
Herpestris monniera	石龍草		中國
Herremia tuberosa	姬旋花	種：服用	夏威夷
Hibiscus cannabinus	大麻槿（洋麻）	葉、莖：食用	巴西
H. moschatus	麝香槿	種：咀嚼	亞洲
Hoffmenseggis jamesii		葉、莖：食用	印地安部落
Holarrhena antidysenteria	止瀉木	種：服用	印度、伊朗
Homalomena eviriba	千年健屬	葉：服用	馬來半島
Hydrangea paniculata	圓錐繡球（水亞木）	葉：吸食	北美
Hydrocotyle asiatica minor	小天胡荽屬	葉：茶	北美
Hygrophila auriculata	水蓑衣屬	種子：食用	巫醫
H. spinosa	水蓑衣屬	根：茶	世界各地
Hymenocardia acida		根、樹皮：服用	非洲
Hyoscyamus muticus	天仙子屬	葉：吸食	印度
H. niger	天仙子	葉、種：吸食、茶	世界各地
H. physaloides	天仙子屬	種：煎、茶	西伯利亞

學名	名稱	使用方法	使用文化圈
Hyphaene thebaica	叉幹櫚（非洲椰子）	果實：做成醬	非洲
Hypoxis aurea	小金梅草	根：服用	亞洲
Ilex paraguensis	冬青屬（巴拉圭冬青）	葉：茶	南美
Imperata cylindrical	白茅	根：咀嚼	非洲
Indigofera tinctoria	木藍	根：焚燒	非洲
Inocybe spp.	絲蓋傘屬	全體：食用	北、中美
Inula conyza	旋覆花屬	汁：飲用	
I. helenium	土木香（大車）	根：茶	中歐
Ipomoea batatas	甘藷（地瓜）	球根：食用、精煉	亞洲、加勒比海諸島
I. batatas paniculata	甘藷屬（掌葉牽手）	球根：放入牛奶	印度
I. digitata	七爪龍	球根：食用	亞洲
I. violacea	甘藷屬	種子：服用	墨西哥
Iris pallida/florentina	鳶尾（香鳶尾）	根部：食用	巫術
Jatropha sp.	麻瘋樹類	葉：吸食	亞馬遜
J. basiacantha	麻風樹屬	球根：服用	祕魯
J. macracantha	麻風樹屬	球根：服用	祕魯

學名	名稱	使用方法	使用文化圈
Juglans regia	胡桃	種：食用	中國
Juniperus communis	歐洲刺柏（瓔珞柏）	油、果實：茶	世界各地
J. rigida	杜松	油：食用	日本
Justicia pectoralis	爵床屬	葉、莖：嗅煙	加勒比海諸島、南美
Kadsura coccinea	黑老虎	果實：食用	印尼
Kaempferia galangal	山柰（番鬱金）	根莖：服用	東南亞
Karwinshia humboldtiana	卡爾文斯基屬	種：服用	
Khaya senegalensis	喀亞木屬（塞內加爾喀亞木）	根：服用	非洲
Lagochilus inebrians	兔唇花	葉：吸食	亞洲
Landolphia owariensis	拉獨費藤屬	根、樹皮：煎汁	非洲
Lappa major	大拉刺果	根：食用	日本
Latua pubiflora	茄科植物	葉、果實：吸食	南美
Lavandula officinalis	薰衣草屬的一種（香浴草）	花：茶	世界各地
Lawsonia alba	白荖沫花（白指甲花）	根：食用	非洲
L. inermis	荖沫花（指甲花）	葉：擦身	中近東

學名	名稱	使用方法	使用文化圈
Leonurus sibiricus	益母草（茺蔚）	種：服用	中國
Lepidagathis fimbriata	鱗花草屬	全體：食用	非洲
Lepidium latifolium	寬葉獨行菜	葉、莖、種：服用	羅馬
L. sativum	獨行菜屬	種：食用	中近東
Leptadenia lancifolia	木薑子屬	根：做成醬	非洲
Levisticum officinale	歐當歸	根：茶葉、精煉	中歐
Liatris odoratissima	麒麟菊屬（香麒麟菊）	葉：茶	北美
Linum usitatissimum	亞麻	油：服用	非洲
Liquidambar formosana	楓香	根莖：服用	中國
L. orientalis	楓香屬（蘇合香）	根莖：擦身	中近東
Liriosma ovata	巴西榥榥木	幹、根：服用	亞馬遜
Lissochilus arenarius	雞冠蘭屬	球根：食用	非洲
Lobelia cardinalis	半邊蓮屬（心臟葉半邊蓮）	根：服用	北美
L. inflata	半邊蓮屬	葉：吸食	北美
L. siphilitica	半邊蓮屬	根：服用	北美
Lodoicea maldivica	海椰子	種：茶	塞歇爾諸島、亞洲

學名	名稱	使用方法	使用文化圈
Lolium temulentum	毒麥	種：服用	歐洲
Lonicera japonica	忍冬	花：服用	亞洲
Lophophora williamsii	烏羽玉	全體：食用	北美、墨西哥
Luffa cylindrical	絲瓜	葉、莖：做成醬	非洲
Lycium chinense	枸杞	根、種：服用	中國
Lycopodium clavatum	石松	孢子：煎汁	美國
Lycopersicon esculentum	蕃茄	果實：食用	歐洲、安提爾諸島
Macropiper excelsum	胡椒屬	葉、樹、皮、果實：茶葉	紐西蘭
Macrocystis pyrifera	海帶類（歐美種）	全體：服用	世界各地
Magnolia officinalis	厚朴	樹皮、花、根：茶	中國
Mallotus poilanei	野桐	根：茶	印尼
Mandragora autumnalis	茄參屬	根：精煉	義大利
M. officinarum	茄參屬	根：精煉，果實：食用	南歐、中近東
M. turcomanica	茄參屬	根、果：服用	中近東
M. vernalis	茄參屬	根：精煉	俄國
Melampyrum pratense	山羅花屬	葉、莖：茶	古代
Menispermum canadense	蝙蝠葛	根：精煉	北美

學名	名稱	使用方法	使用文化圈
Mentha aquatica	水薄荷屬	葉、莖：茶	歐洲
M. pulegium	唇萼薄荷	葉、莖：茶	歐洲
M. piperita	辣薄荷	葉、莖：茶	古代
M. sativa	薄荷屬	葉、莖：茶	古代
M. spicata	留蘭香	葉、莖、油：茶	歐洲
Mesembryanthemum spp.	龍鬚海棠類（女仙類）	根：咀嚼	非洲
Methysticodendron amesianum	曼陀羅木屬	葉：茶	哥倫比亞
Mimosa hostilis	含羞草屬	根、葉：擦身	亞馬遜
M. pudica	含羞草	汁	亞馬遜
Mitragyna speciosa	帽柱木屬	葉：吸食、咀嚼	泰國
Momordica charantia	苦瓜	根、葉、莖：茶	墨西哥、加勒比海諸島
Morus bombycis	桑屬（山桑）	根	中國
Mucuna argrophylla	油麻藤屬	種：服用	墨西哥
M. gigantean	油麻藤屬	種：服用	中國
M. pruriens	油麻藤屬（大血藤）	種：服用	世界各地
Musa spp.	芭蕉類	果實：食用	世界各地
Myristica argentea	肉豆蔻屬	種子：食用	印尼
M. fragrans	肉豆蔻	種、果實：服用	亞洲

學名	名稱	使用方法	使用文化圈
Nandina domestica	南天竹	種子：服用	中國
Nasturtium officinale	豆瓣菜（無心菜、水葉菜）	葉：食用	中近東、非洲
Nelsonia campestris	瘤子草屬	全體：做成醬	非洲
Nelumbium speciosum	荷花	葉：使用	印度
Nepeta cataria	荊芥	葉、莖：吸食、茶	歐洲
Nephrodrium filixmas	肋毛蕨	孢子：食用	中歐
Nicandra physaloides	假酸漿	葉、莖：吸食	中南美
Nymphaea stellate	延葯睡蓮	全體：茶	塞歇爾諸島
Ocinum basilicum	毛羅勒（零陵香）	茶、莖：茶、焚燒	加勒比海諸島
Oldenlandia corymbosa	傘房花耳草（繖花龍吐珠）	全體：精煉	加勒比海諸島
Ophiopogon japonicas	麥冬（書帶草）	根：服用	東南亞
Orchis hircine	紅門蘭屬	球根：食用	古代
O. latifolia	寬葉紅門蘭	根：護身符	中歐
O. mascula	紅門蘭屬	球根：食用	歐洲、中近東
O. morio	紅門蘭屬	球根：食用	中近東
Origanum majorana	牛至屬	葉、莖：茶葉、香枕	英國

學名	名稱	使用方法	使用文化圈
Orobanche ammophila	列當屬	根：服用	中國
Pachyma cocos	厚皮孢屬	全體：食用	東南亞
Paeonia albiflora	白芍藥屬		中國
Paliurus ramosissimus	馬甲子	棘：食用	中國
Panaeolus papilionaceus	緊縮花褶傘	全體：服用	東南亞
Panax pseudoginseng	假人參（人參三七、三七、田七）	根：服用	韓國、中國
P. quinquefolium	西洋參	根：服用、茶	北美
Pandanus spp.	露兜樹類	根：煎汁	塞歇爾諸島
Panicum sarmentosum	黍	根：咀嚼	馬來半島
Papaver somniferum	罌粟	鴉片	世界各地
Parkia biglobara	球花豆	種：食用	非洲
Paris quadrifolia	重樓屬	葉、莖	非洲
Passiflora incarnate	西番蓮	葉、莖：茶、精煉	印度
Pastinaca sativa	歐防風屬	根、種	羅馬
Paullinia cupana	（飛龍掌血）	種：服用	亞馬遜
Pedalium murex	印非胡麻屬	葉、種：精髓、茶	印度
Peganum harmala	駱駝篷	種：服用	中近東
Pelargornium odorantissimum	白花天竺葵	油 ：食用	芬芳治療法

學名	名稱	使用方法	使用文化圈
Pennicillaria spicata		與牛乳併服	非洲
Pennisetum spicatum	狼尾草屬	做成醬	非洲
Persea Americana	鱷梨（酪梨）	果、種：服用	墨西哥
Peucedanum decursivum	前胡	根：服用	中國
P. ostrutium	前胡屬		歐洲
Perilla ocymoides	紫蘇	葉、莖	中國
Phallus impudicus	鬼筆屬	全體：食用	歐洲
Pharbitis violacea	牽牛屬	花朵	墨西哥
Phaseolus radiates	綠豆（蔓小豆）	種：食用	印度
P. vulgaris	菜豆	種：食用	法國
Phellodendron amurense	黃	樹皮：服用	中國
Phoradendron flavescens	穗花桑寄生屬	全體	巫術
Photinia serrulata	石楠（千年紅）	葉：茶	中國
Phyllanthus emblica	余甘子（油柑）	服用	印度
Physalis prienrianus	酸漿屬	樹皮：煎汁	非洲
P. reticulatus	酸漿屬	根：咀嚼	非洲
P. alkekengi	酸漿屬	根：汁	中歐

學名	名稱	使用方法	使用文化圈
Pimpinella anisum	茴芹屬	種：服用、茶	歐洲、中東
P. pruatjan	茴芹屬	根：茶	印尼
Pinus pinea	意大利傘松（笠松）	種：使用	古代
Piper angustifolium	胡椒屬	葉：咀嚼	祕魯
P. betel	荖葉（荖藤、蒟醬）	葉：咀嚼	亞洲
P. cubeba	胡椒屬（蔞澄茄、畢澄茄）	果實、葉：茶、精煉精髓	亞洲
P. longum	蓽茇	果實：服用	印度、葉門
P. methysticum	胡椒屬	根莖：咀嚼、茶	南海諸島
P. nigrum	胡椒	種：食用	世界各地
Pistacia vera	阿月渾子	種：食用	伊朗
Plantago major	大車前	種：服用	中國
P. psyllium	車前屬	汁：飲用	羅馬
Pleurothallis cardiothallis	肋柄蘭屬	莖、葉	墨西哥
Podophyllum peltatum	足葉	根	美國
Pogostemon patshouli	刺蕊草	油	菲律賓、印度
Polygala japonica	瓜子金	根：服用	中國
P. sibirica	亞伯利亞遠志		中國

學名	名稱	使用方法	使用文化圈
P. vulgaris	遠志屬	樹皮：服用	
Polygonatum odoratum	玉竹	根、花：茶	北歐亞大陸
Polygonum bistorta	拳蓼（拳參）	根：泡酒	歐洲
P. multiflorum	何首烏	根莖：茶	中國
P. viviparum	珠芽蓼	葉、莖：服用	中國
Polypodium barometz	水龍骨（金狗毛蕨）	葉、根、莖：服用	東南亞
Populus tremuloides	山楊屬（美國白楊）	樹皮：精煉	歐洲
Potentilla erecta	洋委陵菜	根部	巫術
P. discolor	翻白草（土栗）	根	韓國
Pothos officinalis	石柑屬	果實：食用	印度
Prosopis Africana	非洲牧豆樹屬	樹皮：食用	非洲
Prunus amygdalus	李屬	種：食用	南歐
P. cerasus	歐洲酸櫻桃（酸果櫻桃）	種：精煉	中歐
P. japonica	郁李	葉	韓國、中國
Pseudocedrela kotschii		根：茶	非洲
Pseuduvarid setosa	金鉤花屬	根：食用	印尼
Psilocybe Mexicana	墨西哥裸蓋茹	全體：食用	世界各地
Psoralea corylifolia	補骨脂	果實、種子：服用	中國、中東

學名	名稱	使用方法	使用文化圈
Psychotria seychellarum	九節屬	樹幹、皮：煎汁	塞歇爾諸島
Pteleopsis suberosa		葉：茶	非洲
Punica granatum	石榴（安石榴）	果實：汁	歐洲
Pyrethrum parthenium	短舌匹菊（玲瓏菊）	葉：塗藥	阿拉伯
Raphanus sativus	蘿蔔	根：食用	歐洲
Rhaphidophora hookeri	大葉崖角藤	全體：精煉	印度
Rauwolfia serpentina	蛇蘿芙木（印度蛇木）	根：服用	印度
R. volkensii	蘿芙木屬	根：服用	非洲
Rehmannia glutinosa	地黃	根：服用	中國
Rhododendron metternichii	杜鵑屬（石南）	根：服用	東亞
Rhus radicans	鹽膚屬		那瓦荷印第安
R. verniciflua	漆樹	葉、莖：服用	中國
Richeria grandis		樹皮、樹幹：精煉	安提爾諸島
Rosa spp.	薔薇類	油	世界各地
Rosmarinus officinalis	迷迭香	葉、莖：茶	巫術
Rubus frutiuosus	懸鉤子屬	葉、果：茶	阿拉伯
R. tokkura	懸鉤子屬	果：食用	中國

學名	名稱	使用方法	使用文化圈
Ruellia albicaulis	蘆莉草	葉、莖：精煉	墨西哥
Ruta graveolens	芸香（臭芙蓉）	葉、莖：茶	巫術
Salix alba	白柳	根、樹皮：精萃	中東
S. nigra	黑柳	樹皮、果：服用	北美
Salmalia malabarica	木棉（馬拉巴栗）	食用	印度
Salvia colorata	鼠尾草屬	葉、莖	非洲
S. divinorum	鼠尾草屬	葉、莖、種：茶、吸食	墨西哥
S. miltiorrhiza	丹參		中國
S. sclarea	鼠尾草屬	油：茶	中歐
Salvinia cucullata	槐葉蘋屬	服用	印度
Sandix ceropolium	山迪克斯	葉、莖：茶	古代
Sanguinaria Canadensis	加拿大血根草	根：精煉	北美
Sanseviera roxburghiana	虎根蘭屬	混入牛奶	印度
Sarcocophalus esculentus		根：茶葉	非洲
Sargassum pallidum	馬尾藻	根莖：食用	中國
Sassafras albidum	檫木	油：混入茶葉	北美
S. officinalis	木屬	油、樹品、樹幹：茶葉	北美

學名	名稱	使用方法	使用文化圈
Satureja hortensis	塔花屬	葉、莖：茶	中歐
Saxifraga cotyledon	虎耳草屬		歐洲
Scaevola taccada	草海桐屬	葉：茶	卡洛林諸島
Schizandra chinensis	五味子（北五味子）	果、種：	東亞
Scirpus kysoor	藨草屬	根：服用	印度
Sclerocarya birrea		根：茶	非洲
Scolymus maculatus	洋薊屬	葉、莖：放入葡萄酒	古代
Scoparia dulcis	野甘草	全體：食用	非洲
Scopolia carniolaca	賽莨菪屬	葉、莖：茶	中歐
Scutellaria macrantha	黃芩屬	根：服用	東北亞
Secondatia floribunda		葉：精煉	巴西
Selinum momieri	亮蛇床屬（蛇床）	種：使用	中國
Serenoa serrulato/repens	塞潤櫚	果實：食用、精煉	北美
Setaria italic	小米	種子：食用	中國
Sida acuta	黃花稔（細菌金午時花）	葉：吸食	墨西哥
S. cordifolia	心葉黃花稔（丹葉金午時花）	種、葉、莖：服用	印度

學名	名稱	使用方法	使用文化圈
S. linifolia	黃花稔屬	全體：食用	非洲
S. rhombifolia	白背黃花稔（金午時花）	葉：作成醬	非洲
S. spinosa	黃花稔屬	全體：食用	印度
Siler divaricatum	山芹菜		中國
Sisymbrium Sophia	大蒜芥屬	種：精煉液	印度、中近東
Smilax sp.	菝　屬	根：精煉液	墨西哥
S. calophylla	菝　屬	根莖	馬來半島
S. glycyphylla	菝　屬	葉：茶	澳洲
S. medica	菝　屬	根：服用	墨西哥
S. myosotiflora	菝　屬	根莖：食用	馬來半島
S. officinalis	菝　屬	根：茶	墨西哥
Solandra brevicalyx	金盃藤屬	葉：茶	墨西哥
Solanum jacquini	茄屬	汁：服用	印度
S. nigrum	龍葵	葉根莖果實：食用	世界各地
S. sodomaeum	茄屬	種子：食用	南歐
Sophora secundiflora	槐屬	種：服用	墨西哥
Spartium junceum	鷹爪豆（南歐斯巴地豆）	花、種：服用	南歐
Spiranthes autumnalis	綬草屬（龍盤參）	球根：精煉液	歐洲

學名	名稱	使用方法	使用文化圈
Stachytarpheta angustifolia	狹葉假馬鞭	幹：咀嚼	非洲、中國
Sterculia platanifolia	苹婆		中國
Stillingia sylvatica	假烏柏屬	根	巫術
Strychnos gauthierana	馬錢屬	樹皮：服用	越南
S. ignatii	馬錢屬	種：服用	菲律賓
S. nux-vomica	馬錢子（番木鼈）屬	種：服用	印度
S. spinosa	馬錢屬	樹皮、根：拒絕	非洲
Styrax benzoin	安息香屬	樹脂：珍奇	中國
Symphytum officinale	康復力屬	根莖、葉：茶	歐亞大陸
Syzygium guineense	幾內亞蒲桃	根、樹皮：咀嚼	非洲
Tabernanthe iboga	馬山茶	根：服用	非洲
Talinum paniculatum	土人參	根	印尼
Tamarindus indica	酸豆（酸果樹、羅望子）	根：熬汁	非洲
Tanaecium nociurnum		葉、莖：茶	哥倫比亞
Taraxacum officinale	蒲公英屬（西洋蒲公英、食用蒲公英）	葉、根、莖：食用、茶	中歐
Theobroma cacao	可可	種：服用	中美
Thinanthus fasciculatus		樹皮：服用	巴西

學名	名稱	使用方法	使用文化圈
Thrinax wendlandiana	棕櫚一種（牙買加棕櫚）	芯	墨西哥
Thuja orientalis	側柏	葉：茶	中國
Thymus serpyllum	百里香	葉：茶	歐洲
Tinospora cordifolia	青牛膽屬	莖：煎汁	印度
Trapa bispinosa	菱	根、種：食用	印度
Tribulus terrestris	蒺藜	果：焚燒、茶葉	非洲、印度支那
Trichilia emetica	三唇屬	樹幹：咀嚼	非洲
Trichocereus pachanoi		全部：食用、茶	祕魯
Trigonella foenumgraecum	胡蘆巴	葉、莖：茶	
Trillium erectum	延齡草	咀嚼根莖	森林地帶的印地安人
Turbina corymbosa		種子：服用	墨西哥
Turnera diffusa	土瓦尼羅屬（特納屬）的一種植物	葉、莖：茶，吸食	北美、中南美
T. opifera	土瓦尼羅屬（特納屬）的一種植物	葉、莖：茶	巴西
T. ulmifolia	土瓦尼羅	葉、莖：茶	巴西
Typha latifolia	香蒲屬	花	中國

學名	名稱	使用方法	使用文化圈
Unona odorantissimum	假番荔枝屬	油料	南海諸島
Uraria lagopodioides	大葉兔尾草（狐狸尾）	全體：食用	印度
Urtica ureus	蕁麻屬	種、油：擦身	南歐
Valeriana hardwickii	長序纈草	根：精煉	東亞
Vanilla planifolia	香果蘭	莢：食用	墨西哥、加勒比海諸島
Verbascum sp.	毛蕊花類	葉：茶	加勒比海諸島
Verbena officinalis	馬鞭草（鐵馬鞭）	葉、莖：茶葉、香枕	英國
Vinca minor	花葉蔓長春花	葉、莖	加勒比海諸島
Viola tricolor	三色堇	葉、莖、花：茶	世界各地
Virola calophylla	南美肉荳蔻屬	樹皮：嗅煙	亞馬遜、加勒比海諸島
Viscum album	白槲寄生（柳寄生）	葉、莖：茶	世界各地
Vitex agnus-castus	穗花牡荊		同種療法
Voandzeia subterranea	沃安齊亞屬	根、種：咀嚼	非洲
Waltheria americana	蛇婆子（草梧桐）	根：食用	非洲
Withania somnifera	睡茄屬	根：服用	印度

學名	名稱	使用方法	使用文化圈
Xanthoxylum senegalense	黃葉樹	樹皮：焚燒	非洲
Xylopia aethiopica	木瓣樹	茶	非洲
Zanthoxylum piperitum	辣花椒（山花椒）	葉、種：茶	東南亞
Zingiber officinale	薑	根莖：茶、食用	世界各地
Zizyphus vulgaris	紅棗（大棗）	混入牛乳	非洲
Zornia diphylla	丁葵草	葉：吸食	巴西
Z. latifolia	葵草（大葉丁葵草）		

知識叢書 1059

春藥：從神話、宗教與社會，探討人類服用春藥的文化意涵

作　者—穆勒．艾貝林（Claudia Müller-Ebeling）、瑞奇（Christian Rätsch）
譯　者—汪洋
編　輯—張啟淵
封面設計—兒日
企　劃—張燕宜
董 事 長—趙政岷
出 版 者—時報文化出版企業股份有限公司
一〇八〇一九台北市和平西路三段二四〇號四樓
發行專線—（〇二）二三〇六—六八四二
讀者服務專線—〇八〇〇—二三一—七〇五
（〇二）二三〇四—七一〇三
讀者服務傳真—（〇二）二三〇四—六八五八
郵撥—一九三四四七二四時報文化出版公司
信箱—一〇八九九台北華江橋郵局第九十九信箱
時報悅讀網—http://www.readingtimes.com.tw
法律顧問—理律法律事務所　陳長文律師、李念祖律師
印刷—家佑實業股份有限公司
初版一刷—一九九八年四月二十八日
二版一刷—二〇一八年二月九日
二版三刷—二〇二三年四月六日
定價—新台幣二八〇元

時報文化出版公司成立於一九七五年，
一九九九年股票上櫃公開發行，二〇〇八年脫離中時集團非屬旺中，
以「尊重智慧與創意的文化事業」為信念。

春藥：從神話、宗教與社會，探討人類服用春藥的文化意涵 / 穆勒 - 艾貝林(Claudia Müller-Ebeling), 瑞奇(Christian Rätsch)合著；汪洋譯. -- 二版. -- 臺北市：時報文化, 2018.02
面；　公分. -- (知識叢書；1059)

譯自：Isoldens Liebestrank

ISBN 978-957-13-7305-8(平裝)

1.性學　2.文化

544.7　　107000230

Author: Claudia Müller-Ebeling, Christian Rätsch
Title: ISOLDENS LIEBESTRANK

ISBN 978-957-13-7305-8
Printed in Taiwan